KRASEMANN

Geschenke

aus meinem Garten

KRASEMANN

Geschenke
aus meinem Garten

FOTOS VON
ANNE ROGGE UND JAN JANKOVIC

KOSMOS

Geschenke
aus meinem Garten

DAS IST *wirklich* WICHTIG

DARAUF KOMMT'S AN! **Hier erläutern wir alles, was zum Gelingen des Rezepts wirklich wichtig ist. Wo es sinnvoll ist, mit Bild.**

WINTER

Auch in der kalten Jahreszeit muss man nicht auf Geschenke aus dem Garten verzichten. In diesem Kapitel gibt es ganz besondere Ideen zum Verwöhnen! Die Zimterle ist eine berühmte Pflanze für Seifen, aus Balsampappeln lassen sich Öle und Tinkturen zaubern.
Bis Weihnachten ist ein Likör aus Kiwis gereift und sogar Naturkaffee kann selbst geröstet werden. Ein absolutes Highlight für Gartenfreunde ist das Ahorn-Zitronen-Gelee sowie die Pflanzenfarbe aus Berberitzenrinde.

TRAUMHAFTE
Gartengeschenke

Vor über 27 Jahren plante ich, aus meiner 8.500 qm großen Wiese einen Garten anzulegen. Meine Vision: einen Garten zu gestalten mit vielen verschiedenen Bereichen und einer großen Anzahl an heimischen Pflanzenarten.

Heute besteht mein Traumgarten aus über 12 Gartenzimmern wie: Kräutergarten, Gemüsegarten, Obstgarten, einem Schattengarten, einem Formengarten mit historischen Rosen, einem Alpinum mit Trockenkünstlern, einer Freiluftküche, einer Magerwiese mit Wildrosen …

In meinen Gartenzimmern stehen mittlerweile weit über 450 Pflanzenarten, die ich fast alle aus Samen, Stecklingen oder Steckhölzern selbst groß gezogen habe. Echte Klassiker, alte Gemüsesorten, heimische Raritäten und vieles mehr.

Alles, was der Garten an Früchten, Blättern, Blüten, Knospen, Samen und Wurzeln von Frühling bis Winter zu bieten hat, verarbeite ich seit jeher zu essbaren Köstlichkeiten und besonderen Wohlfühlprodukten für Körper und Geist. Es gibt nichts, was nicht in meiner Garten-Küche verarbeitet wird.

Einen kleinen Teil meiner Rezepte und Rezepturen, die ich über die vielen, vielen Jahre entwickelt und ausprobiert habe, stelle ich Ihnen in diesem Buch nun vor. Ich wünsche Ihnen viel Freude beim Verarbeiten der Gartenfrüchte und Verschenken der Produkte, die Sie daraus zaubern.

Ein besonderer Dank an dieser Stelle gilt meinem Lebensgefährten Wolfgang Friedel, der mich unterstützt – ohne ihn wäre die Vision von meinem Traumgarten nie Wirklichkeit geworden. Sowie unseren Kindern und Enkelkindern, denen ich dieses Büchlein widme.

Ihre
Barbara Krasemann

FRÜHLING

Zartes Grün zum Verlieben

DIE FRÜHLINGSSONNE KITZELT DIE MÜDEN GLIEDER WACH. ES WIRD ZEIT, DEN ERNTEKORB AUS DER KAMMER ZU HOLEN UND DIE ZARTEN PFLANZEN IN KÖSTLICHE UND DUFTENDE GESCHENKE ZU VERWANDELN. LASSEN SIE SICH VON DEN VIELEN IDEEN AUF DEN FOLGENDEN SEITEN VERZAUBERN.

[a]

DAS IST *wirklich* WICHTIG

[a] DAS PESTO MUSS IMMER mit Öl bedeckt sein. Ist ein Glas einmal angebrochen, füllt man nach Gebrauch einfach wieder etwas Öl nach. Kühl gelagert sollte der Inhalt innerhalb von zwei Wochen aufgebraucht werden. Daher ist es sinnvoll, nur kleine Gläser zu verwenden.

[b] VOR DEM EINWECKEN müssen Glasränder und Gummiringe perfekt gereinigt und trocken sein. Fest verschlossen, hält der Inhalt dann jahrelang. Ein hübsches Geschenk, frisch oder als Konserve.

[b]

BÄRLAUCH-PESTO-SPEZIAL

mit Rucola und Walnüssen

IM EIGENEN GARTEN KANN MAN VON DEN BLÄTTERN, ÜBER KNOSPEN, BLÜTEN, SAMEN BIS HIN ZUR ZWIEBEL, ALLE TEILE DES BÄRLAUCHS IN DER KÜCHE VERWENDEN. AUS DEN BLÄTTERN LÄSST SICH IM FRÜHJAHR EIN HERRLICHES PESTO ZAUBERN.

Zutaten für 1.000 g

- 400 g frische, unversehrte Bärlauchblätter
- 100 g Rucola
- 100 g Walnüsse ohne Schale
- 300 ml Walnuss-Öl zum Untermischen
- 100 ml Walnuss-Öl zum Übergießen im Glas
- 3 EL Salz

Besonderes Werkzeug

- Küchenmixer oder Fleischwolf
- Portionsgläser/ Einweckgläser

So geht's

1. Der Rucola und die frisch gepflückten Bärlauchblätter werden gründlich gewaschen und in einem Küchenmixer zu einem Brei zerkleinert. Man kann die Pflanzenteile aber auch durch den Fleischwolf drehen.
2. Die Walnüsse werden ebenfalls zerkleinert – Mahlen oder Hacken ist dem persönlichen Geschmack überlassen –, gehackte Nüsse verleihen dem Pesto noch etwas Biss.
3. Die zerkleinerten Nüsse, das Salz und 300 ml Öl werden langsam aber stetig unter den Bärlauchbrei gerührt. Dabei darf nicht zu viel Luft in das Pesto gelangen.
4. Die Masse wird in Portionsgläser gefüllt und mit dem restlichen Öl bedeckt [→a]. So verhindern Sie, dass zusätzlich Luft an den Bärlauch kommt. Ohne die abschließende Ölschicht würden die grünen Blätter oxidieren und eine sehr dunkle Farbe annehmen.
   Haltbar ist so ein Pesto im Kühlschrank etwa zwei Wochen.

Die Variante

Lange Haltbarkeit
Möchte man die Würzpaste länger aufbewahren, lässt sie sich gut im Weckkessel bei 85° C etwa 35 Minuten einkochen.
Im Backofen funktioniert das ebenfalls. Man legt ein Geschirrtuch in eine Fettpfanne, füllt sie gut zur Hälfte mit kaltem Wasser auf und stellt die verschlossenen Gläser hinein. Bei 90° C dauert die Einkochzeit ebenso 35 Minuten.
Die Haltbarkeit beträgt dann zwei Jahre, vorausgesetzt, vor dem Einkochen sind Deckel und Glasrand absolut wasser- und fettfrei; bei einem intakten Schraubglas ist der Deckel nach dem Kochen leicht nach innen gewölbt und lässt sich mit einem „Blob" öffnen.

VIELE KRÄUTER lassen sich zerkleinert mit Salz und Öl zu aromatischen Pasten verarbeiten, z. B. Gemüse-Ampfer, Maggikraut, Stauden-Kresse, Pastinakenblätter, Rucola etc.

WALDKAPERN

Bärlauchknospen eingelegt

IN WALD UND WIESE STEHT BÄRLAUCH UNTER NATURSCHUTZ, ES DÜRFEN NUR KLEINE MENGEN GEERNTET WERDEN. IM GARTEN GEZOGEN, KÖNNEN WIR MIT EINGELEGTEN KNOSPEN NACH BELIEBEN VIELE HERZHAFTE SPEISEN VERFEINERN.

Zutaten für 3 Gläser je 250 ml

- 3 Bechertassen Bärlauchknospen
- 3 EL Senfkörner
- 3 EL weiße Pfefferkörner
- 3 TL Salz
- 3 Lorbeerblätter
- ½ l Wasser
- ¼ l Essig-Essenz
- Zucker nach Geschmack

Besonderes Werkzeug

- Portionsgläser/Einweckgläser
- Einweckkessel bei Bedarf

So geht's

1. Die länglichen, großen Bärlauchknospen werden geerntet, solange sie ganz geschlossen sind – geschmacklich ist es kein Problem, wenn sie teilweise schon leicht geöffnet sind.
2. Die Knospen werden gründlich mit Wasser gereinigt und in kleine Portionsgläser gefüllt.
3. Den Sud zum Übergießen stellt man separat her. Dafür wird das Wasser mit Essig sowie Salz und Zucker erhitzt und kurz aufgekocht. Anschließend abgekühlt, gießt man den fertigen Sud über die Bärlauchknospen in die Gläser [→a].
4. Vor dem Einwecken werden Glasränder und Deckel gründlich abgerieben und die Gläser mit Gummiringen und Klammern verschlossen. Die Einweckzeit beträgt etwa 35 Minuten bei 85° C. Statt der Einweckgläser können auch Schraubgläser verwendet werden.

Die eingelegten und sterilisierten Waldkapern sind auf jeden Fall bis zur nächsten Erntesaison haltbar. Will man nur eine Portion herstellen und sofort verwenden, reicht es, den kochenden Sud über die Knospen zu schütten und einige Stunden ziehen zu lassen.

ZUM AUFGIESSEN kann auch ein handelsüblicher Gurkensud oder ein altes Lieblingsrezept für eingelegte Gurken verwendet werden.

[a]

DAS IST *wirklich* WICHTIG

[a] DIE GESCHLOSSENEN BÄR-LAUCHKNOSPEN werden zusammen mit den restlichen Gewürzen in die Gläser gefüllt und mit dem abgekühlten Sud übergossen. Das Aroma der Gewürze kann sich entfalten und die Säure in die Waldkapern eindringen.

[b] DIE WALDKAPERN, so werden diese eingelegten Bärlauchknospen genannt, halten sterilisiert bis zur nächsten Erntesaison.

[b]

FARNSPROSSEN
eingelegt

FARNSPROSSEN GALTEN BEI ALTEN INDIANERSTÄMMEN ALS FRÜHLINGSDELIKATESSE. EINGELEGT VERFÜHRT DER EUROPÄISCHE STRAUSSENFARN *(MATTEUCCIA STRUTHIOPTERIS)* UNS MIT SEINEM ZARTEN BROKKOLIAROMA.

Zutaten für 5 längliche Gläser je 300 ml

- Farnsprossen
- Einige, in Stifte geschnittene Möhren
- 2 Speisezwiebeln
- ¾ l Gemüsebrühe
- ½ l weißer Balsamico-Essig
- ¼ l Walnuss-Öl
- 3 EL Gurkengewürz

Besonderes Werkzeug

- Gläser/Einweckgläser
- Einkochtopf/Einkochautomat

So geht's

1. Wenn der Farn sich im Frühjahr langsam ausgewickelt hat, etwa 20 cm hoch ist und an der Spitze noch die kleinen Enden wie eine Schnecke zusammengerollt sind, kann man ihn beernten. Die Sprossen werden jeweils nur einmal abgeschnitten. Die ersten, jungen Sprossen haben im Frühjahr noch das zarte Aroma, das man mit Brokkoli vergleichen kann. Der Farn treibt dann sehr rasch wieder aus, meist sogar stärker als zuvor.
2. Zunächst werden die geschälten und in Ringe geschnittenen Zwiebeln auf die Gläser verteilt.
3. Die Farnsprossen werden in ca. 16 cm lange Stücke geschnitten [→a]. Unter fließendem Wasser kurz abgespült, stellt man die zerbrechlichen Farnsprossen dann in die Gläser.
4. Der Sud aus Gemüsebrühe, Essig, Öl und Gurkengewürz wird kurz aufgekocht und abgekühlt in die Gläser gefüllt, bis die Farnsprossen bedeckt sind. Die in Stifte geschnittenen Möhren (Länge und Dicke ähnlich wie Farnsprossen) schiebt man vorsichtig zwischen die grünen Sprossen.
5. Die sauber verschlossenen Gläser werden etwa 35 Minuten bei 90° C eingekocht.

DAS GRUNDAROMA DER FARNSPROSSEN erinnert stark an den Geschmack von sehr zartem Brokkoli. Darum schmecken die Sprossen gedünstet, in Butter geschwenkt und mit feinen Kräutern bestreut hervorragend. Man reicht sie zu feinem Braten oder Kurzgebratenem.

[b] SIND DIE MÖHRENSTIFTE ZU DICK, müssen sie etwa 20 Minuten vorgegart werden. Das hübsche Farbenspiel und der süße Geschmack der Möhren in dem Essigsud macht Appetit auf Mehr.

[b]

DAS IST *wirklich* WICHTIG

[a] JE KLEINER UND JÜNGER die Sprossen sind, umso zarter ist ihr Aroma. Nur bei der ersten Ernte im Jahr schmecken sie wirklich wunderbar. Danach lagert der Farn ungenießbare Bitterstoffe ein.

[a]

für Dich!

FARNE
Alte Riesen mit Geschmack

FARNE SIND ANSPRUCHSLOS IN DER PFLEGE UND HABEN HÜBSCHE, FILIGRANE FORMEN. EINIGE SORTEN UND ARTEN SIND SOGAR BESONDERS AROMATISCH.

Kräuterweiber im Mittelalter wussten noch, wie man Farne im Haushalt verwendet – ich habe inzwischen ihre Bedeutung wieder erkannt und nutze sie.
Einige Farne schmecken jung sehr fein als Gemüse, andere verwendet man eher als Gewürz. Manche wiederum helfen im Haushalt, Schädlinge von Vorräten fernzuhalten.
Der ideale Platz für die meisten dieser Urzeitbewohner ist ein leicht beschatteter, feuchter Bereich unter Laubgehölzen. Lässt man dort im Herbst das Laub liegen, bildet sich mit den Jahren eine gute Humusschicht und die Farne wachsen zu prächtigen Stauden heran.

STRAUSSENFARN
Zu den besonderen Leckerbissen im Frühjahr zählen die ersten kurzen Sprossen des Straußenfarns *(Matteuccia struthiopteris)*. Er ist stark wüchsig und stellt an den Boden keinerlei Ansprüche. Er wächst sogar üppig in der Sonne, sollte dort aber regelmäßig gegossen werden.
Alle Farnwedel lagern mit der Zeit Giftstoffe in den Blättern ein, um sich vor Fraß zu schützen. Darum verzehrt man nur die ersten, jungen Sprossen im Frühjahr.

TÜPFELFARN
In der Küche werden die dicklichen, kleinen Wurzeln verwendet. Die frisch getrockneten Rhizome (im Ofen bei 50° C) haben ein Aroma, das dem des echten Lakritz ähnelt. Daher eignen sie sich hervorragend als süßes Gewürz für Kräuter-Liköre oder geben zusammen mit Sojasauce asiatischen Reisgerichten eine süße Anisnote. In einem Glas verschlossen, behalten die Wurzeln ihr Aroma bis zu einem halben Jahr.

ADLERFARN
Diese Farne sind nicht zum Verzehr geeignet und gelten für einige Lebewesen als giftig.
Der Adlerfarn *(Pteridium aquilinum)* wird gebündelt einige Tage an der Luft getrocknet und die Wedel auf den Boden einer Holzkiste gelegt, in der man selbst gemachte Dörrfrüchte aufbewahrt. Der Farngeruch verhindert, dass Lebensmittelmotten an die Vorräte gelangen.

EINSATZ IM GARTEN
Frische Farnwedel jeder Sorte eignen sich sehr gut als Mulchmaterial im Gemüsegarten. Sie werden von Schnecken gemieden. Verrottet der Farn, düngt er den Boden. Der hohe Kaliumgehalt in der Pflanze sorgt besonders bei Kürbisgewächsen, wie Gurken und Zucchini, für einen guten Fruchtansatz.

[b]

[a]

DAS IST *wirklich* WICHTIG

[a] BEIM ZERREIBEN IM MÖRSER entfalten die grob zerkleinerten und getrockneten Blätter der Melden ihr leckeres Aroma. Darum wird das feine Mehl erst kurz vor dem Kochen hergestellt.

[b] DIE BLÄTTER müssen so lange trocknen, bis sie beim Berühren rascheln oder knistern. Erst dann können sie lange Zeit gut verschlossen aufbewahrt und das Grünmehl nach und nach aufgebraucht werden.

GRÜNMEHL *aus Melde*

SCHON AUS EINFACHEN GARTEN-MELDEN LASSEN SICH FEINE SUPPEN HERSTELLEN. SIE SIND HERRLICH MILD UND SCHMECKEN NOCH BESSER ALS SPINAT.

Meldesorten für Grünmehl

- Wilde Melde
- Baumspinat 'Magenta Spreen'
- Gold-Melde
- Purpur-Melde
- Marmorierte Melde
- Guter Heinrich

Besonderes Werkzeug

- Schraubgläser/Bügelglas
- Mörser oder Mixer

So geht's

1. Schneiden Sie im Garten die frischen Melden (vom Erntegut bleiben nach der Trocknung nur noch zwischen 2 und 9 % Grünmehl übrig) und lassen Sie dabei das untere Blattpaar stehen. Die Pflanzen treiben wieder aus, wie Pflücksalat.
2. Die Blätter werden verlesen und anschließend im leicht geöffneten Heißluftherd bei 50° C etwa drei Stunden getrocknet, bis sie rascheln. Man sollte sie nur draußen an der Luft trocknen, wenn es warm genug ist. Ein zu langer Trocknungsprozess verändert den Geschmack.
3. Mit den Händen grob zerrieben, werden die Blätter in Schraubgläsern im Schrank oder in Schachteln aufbewahrt. Im Licht verblasst die Farbe der Blätter.
4. Bis zur nächsten Ernte sind die Blätter haltbar. Zum Kochen zerreibt man sie frisch im Mörser oder Mixer zu feinem Mehl [→a], um Suppen damit herzustellen oder Saucen zu binden.

Die Variante

Mein Lieblingsrezept für 2 bis 3 Personen
Dafür kocht man einen ½ l Gemüsebrühe mit zwei bis drei mehligen Kartoffeln, zerkleinert die gekochten Kartoffeln in der Brühe mit dem Mixer und rührt soviel Grünmehl unter, bis die gewünschte Konsistenz erreicht ist. Vorsicht, das Grünmehl quillt etwas nach! Die Suppe wird mit gebratenen Zwiebelringen dekoriert und serviert.

JEDE ART VON BLATTGEMÜSE, auch Salat, kann so getrocknet und aufbewahrt werden und ist eine leckere Alternative zu Spinat. Man spart viel Platz in der Gefriertruhe und hat immer einen Vorrat auf kleinstem Raum.

BÄRLAUCH-SUPPE *mit Pastinaken*

EINFACH EINE SUPPENBASIS AUS AROMATISCHEM GEMÜSE AUS DEM GLAS ZU NEHMEN UND EIN GERICHT DAMIT ZU VERFEINERN ODER EINE SUPPE HERZUSTELLEN IST BESONDERS PRAKTISCH, WENN ES IN DER KÜCHE SCHNELL GEHEN SOLL.

Zutaten für ca. 150 g getrocknete Gemüsebrühe

- 500 g Möhren
- 500 g Frühlingszwiebeln
- 250 g Pastinaken
- 125 g frisches Pastinakengrün
- 125 g Petersilie
- 125 g Bärlauch
- Salz nach Geschmack

Besonderes Werkzeug

- Mixer oder Fleischwolf

So geht's

1. Das Gemüse wird gründlich unter fließendem Wasser gereinigt und in 2 cm große Stücke geschnitten. Dann werden alle Zutaten zu einem Brei verarbeitet; entweder im Mixer oder Fleischwolf.
2. Der gesalzene, rohe Gemüsebrei wird etwa 1 cm dick auf ein bis zwei Backblechen mit Backpapier verteilt. Bei einer Temperatur von 60 bis 70° C muss die Masse im Backofen nun bei leicht geöffneter Ofentür ca. sechs bis acht Stunden trocknen.
   Am besten klemmt man einen Kochlöffel zwischen die Ofentür, damit die feuchte Luft entweichen kann.
3. Beginnt die Gemüseplatte fest zu werden, wird sie gewendet, damit auch die Unterseite gut durchtrocknen kann.
4. Ist die Gemüseplatte hart, wird sie aus dem Ofen genommen und in grobe Stücke gebrochen. In einem Mixer werden die Gewürzbrocken anschließend zu Gewürzpulver gemahlen; für kleinere Portionen reicht auch ein Mörser.

Das Gewürz schmeckt köstlich mit etwas Öl oder einer Fleischeinlage als Vorsuppe, zu Schmorfleisch oder Fisch sowie in Salatdressings. Man verwendet 1 EL pro 100 ml Flüssigkeit.

GÄRTNER-SUPPE

mit Zuckerwurzel und Möhren

BASIS FÜR DIESE LECKERE SUPPENWÜRZE SIND BESONDERE WURZELN, DIE WIR IM WINTER EINGELAGERT HABEN. NUN DÜRFEN SIE WIEDER AUS DER ERDMIETE UND VERFEINERN UNSEREN FRÜHLINGSSPEISEPLAN.

Zutaten für ca. 200 g Trockensuppe

- 500 g Petersilienwurzel
- 500 g Zuckerwurzel (alternativ auch Pastinakenwurzel möglich)
- 250 g frisches Zuckerwurzelgrün (alternativ auch Petersilie möglich)
- 250 g Möhren
- 250 g Zuckererbsen, ganze Schoten
- 250 g Sellerieknolle
- 1 Bund Bärwurzgrün (alternativ auch Sellerieblätter und Dill möglich)
- Salz nach Geschmack

So geht's

1. Petersilienwurzeln, Möhren und Sellerie lagern über Winter am besten in einer Miete im Hochbeet und können jetzt herausgeholt werden. Wer nicht über eine Erdmiete im Garten verfügt, kann sie sich auch beim Gemüsehändler besorgen.
   Die ersten Zuckererbsen sind im Spätfrühling erntebereit. Die Zuckerwurzel ist eine sehr alte und robuste, mehrjährige Gemüsepflanze, die einmal angepflanzt, im Garten eigentlich immer verfügbar ist. Verwendet werden Wurzeln und Blätter.
2. Es werden wieder alle Zutaten gründlich gewaschen und abgetropft durch den Fleischwolf gedreht, alternativ durch den Mixer. Auf einem Blech mit Backpapier ausgelegt, wird die gesalzene Masse im Backofen bei 60 bis 70° C getrocknet, bis die Platte fest ist (ca. nach sechs bis acht Stunden). Die Backofentür bleibt dabei leicht geöffnet. Die Platte zwischendurch auf die andere Seite wenden.
3. Anschließend können Sie die Gewürzplatte grob brechen und jeweils zum Kochen kleine Mengen frisch mörsern.
   Oder Sie zerkleinern gleich die gesamte Menge im Mixer und bewahren das Gewürzpulver in einem Glas auf.

Diese Mischung passt gut zu Suppen und Bratensaucen.

MELDE

MELDE
Beikraut mit besonderem Geschmack

NUR WENIGE KENNEN HEUTE NOCH DIE WOHLSCHMECKENDEN, ERTRAGREICHEN SORTEN DER MELDE, DIE ES LOHNT, IM GARTEN ANZUBAUEN.

Die meisten Menschen bezeichnen die einjährige Melde als lästiges Unkraut, das niemand im Garten haben möchte. Woran aber liegt es, dass viele die Melde als Unkraut „beschimpfen“, statt zu erkennen, dass es sich hierbei um ein besonders schmackhaftes Gemüse handelt?

VERGESSENE VIELFALT

Gehen wir etwa 150 Jahre zurück. Damals schätzte man dieses kultivierte Kraut mit seinem besonders hohen Blattertrag und den hübschen Blattfarben. Melden waren die Zierde des Gartens. Die Sortenvielfalt reichte von Blattfarben wie grün, gelb, rot, violett über gestreift, marmoriert bis hin zu extravagant getupften Varianten.

Neue Gemüsezüchtungen, kostbare Importe inbegriffen, verdrängten regelmäßig die alten, traditionellen, so auch die Melden.

Geht man davon aus, dass auch das Wissen um die Gemüsevermehrung sukzessive verloren gegangen ist, lässt sich der Sortenschwund der Melden in unseren heutigen Gärten leicht nachvollziehen: Werden Melden ausgesät und bei der Ernte wie gewohnt nur die schönsten Pflanzen gepflückt, nutzen zurückgebliebene, eher kümmerliche Pflänzchen im Beet die Gelegenheit zu blühen und sich zu vermehren. Schnell werden die Nachkommen kleiner und kümmerlicher, bis schließlich die Wildform durchschlägt.

So vermehren sich aus Unachtsamkeit nur die Winzlinge – und das in großer Stückzahl. Die Nachkommen sehen entsprechend aus, die aus ästhetischen Gründen keiner mehr kaufen möchte, obwohl diese besonders lecker sind!

ANBAU IM GARTEN

Die Garten-Melde wird ähnlich wie Spinat gezogen und verwendet. Der Anbau ist simpel. Die Samen werden in normalen Gartenboden gelegt, sobald im Frühjahr die Erde aufgetaut ist. Ein Abstand von etwa 10 cm in der Reihe und unter den Reihen reicht völlig aus.

Die Ernte erfolgt wie beim Spinat zweimal, wobei die untere Blattachsel nach dem ersten Schnitt stehen bleibt. Aus ihr wächst die Pflanze in zwei Wochen bis zur zweiten Ernte nach. Zur Saatgutgewinnung lässt man nach der Blatternte die zehn kräftigsten Pflanzen stehen

VON BAUM- BIS ERDBEERSPINAT

Wohlschmeckende Gänsefußgewächse sind der Erdbeerspinat *(Chenopodium capitatum)*, der Baumspinat *(C. giganteum)* sowie der mehrjährige Gute Heinrich *(C. bonus henricus)*.

FRÜHLINGS-BUTTER *mit Löwenzahn*

EINE FEINE GARTEN-BUTTER MIT LÖWENZAHN UND BÄRZWURZGRÜN IST SEHR EINFACH HERZUSTELLEN. DIE GELBGRÜNE FARBKOMBINATION IST EIN TOLLER FRÜHLINGSGRUSS UND VERWANDELT JEDEN ESSTISCH IN EINE AUGENWEIDE.

Zutaten für 250 g Butter

- 250 g Butter
- 10 Löwenzahnblüten
- 1 Bund Bärwurzgrün
  Ersatzweise 1 Bund Dill und etwas Selleriegrün
- 1 Knoblauchzehe
- Etwas Salz
- Etwas Pfeffer

So geht's

1. Schneiden Sie die Butter in grobe Würfel und lassen Sie diese bei Zimmertemperatur weich werden.
2. Zupfen Sie von den trockenen, sauberen aber ungewaschenen Löwenzahnblüten die feinen Blütenblättchen ab **[→a]** und drücken Sie diese mit einer Gabel in die weiche Butter.
3. Die Knoblauchzehe und die Blättchen der Bärwurzwurzel fein hacken und zusammen mit Salz und Pfeffer kräftig in die Butter einarbeiten **[→b]**.
   Die frisch ausgetriebenen, filigranen Blättchen der Bärwurzwurzel sehen fast so aus wie Dill, schmecken aber eher wie eine Kombination aus Liebstöckel, Sellerie und Dill. Die Wurzel selbst wird zur Herstellung des Bärwurz-Schnaps verwendet. Wer den Geruch kennt, wird sich bei den genannten Ersatzkräutern daran erinnert fühlen. Die Pflanze ist sehr anspruchslos.

DIESE BUTTER HAT EIN HERRLICHES AROMA. **Vermischt mit gehackten, hart gekochten Eiern, wird daraus im Handumdrehen ein feiner Aufstrich zum Beispiel für Cracker.**

[a]

[b]

DAS IST *wirklich* WICHTIG

[a] LÖWENZAHNBLÜTENBLÄTTER werden nur sauber verlesen (ohne Waschen von Schmutz und Verunreinigungen befreien) und vom Blütenboden abgezupft. Der Blütenboden wird nicht verwendet, denn er schmeckt bitter.

[b] WER DAS BÄRWURZGRÜN vor dem Verarbeiten wäscht, muss es anschließend abtrocknen. Dabei hilft ein Haushaltstuch. Das zarte Grün muss gut trocken sein, bevor man es kräftig mit der Gabel in die Butter einarbeitet.

[c] FÜLLT MAN DIE BUTTER in eine Form und legt sie kurz in den Kühlschrank, kann man die hübschen Portionsstückchen gut verschenken. Dazu passt ein Tütchen Bärwurzsamen oder gar ein Pflänzchen.

[c]

FRÜHLINGS-ESSIG
mit Schnittlauchblüten

UM EINEM EINFACHEN ESSIG EIN BESONDERES AROMA ZU GEBEN, KANN MAN IHN VERFEINERN. DAFÜR EIGNEN SICH GETROCKNETE FRÜCHTE UND KRÄUTER, BESONDERS IN FRISCHER FORM.

Zutaten

- ¾ l Weißwein-Essig
- 1 Handvoll Schnittlauchblüten

So geht's

1. An einem trockenen Vormittag werden die Schnittlauchblüten geerntet; gut verlesen, ohne Fraßspuren von Insekten oder Schmutz.
2. Anschließend legt man die Lauchblüten in ein hübsches Gefäß und gießt Essig darüber. Bereits nach drei bis vier Tagen kann der Essig verwendet werden **[→a]**.
3. Die Schnittlauchblüten können im Gefäß verbleiben. Sie wirken antibakteriell und geben dem Essig in der Regel keine Trübungen. Die Blütenfarbe wird mit der Zeit jedoch verblassen.

VERWENDET MAN ANDERE KRÄUTER wie Estragon, Maggikraut, Ysop, Majoran oder Kapuzinerkresse zum Aromatisieren, müssen sie nach spätestens zehn Tagen aus dem Essig entfernt werden. Zur Dekoration gibt man nach dem Abfiltern einen winzigen Zweig in den fertigen Kräuter-Essig.

[a]

DAS IST *wirklich* WICHTIG

[a] JUNGER, FRISCH AUFGEBLÜHTER SCHNITTLAUCH eignet sich besonders gut für den Essigansatz. Es werden ausschließlich Blüten verwendet, die noch unversehrt, sauber und frei von Insekten sind.

[b] DIE MENGE DER BLÜTEN, die man in den Essig gibt, bestimmt die Intensität des Aromas. Bei Zugabe von vielen Blüten, wie hier auf dem Bild, nimmt der Essig nach einiger Zeit eine hübsche Farbe an.

[b]

BLÜTEN-SIRUP
mit Schlüsselblumen

DIE SCHLÜSSELBLUME GEHÖRT WEGEN IHRER SCHÖNHEIT IN JEDEN GARTEN. IHRE BLÜTEN HABEN BERUHIGENDE EIGENSCHAFTEN UND HELFEN BEI STRESS. HERRLICH SCHMECKT EIN GLAS SEKT MIT EINEM SCHUSS SCHLÜSSELBLUMEN-SIRUP.

Zutaten

- 1 Bechertasse voll Schlüsselblumen
- 400 ml Wasser
- 600 g Zucker
- 27 g Zitronensäure

So geht's

1. Zuerst wird die Zitronensäure und 200 g des Zuckers in 400 ml kochendem Wasser aufgelöst. Dann lässt man die so entstandene Zuckerlösung wieder abkühlen.
   Die Zugabe von Zitronensäure ist wichtig, denn Sirup ist eine Flüssigkeit mit sehr hohem Zuckergehalt. Damit der Sirup in der Verdünnung mit Wasser einen ausgewogenen Geschmack erhält, benötigt man einen gewissen Säureanteil. Die Schlüsselblumenblüten selbst enthalten keine eigene Fruchtsäure.
2. Die frisch geernteten und verlesenen Blüten der Schlüsselblumen werden in einen Topf gegeben und mit der vorbereiteten, völlig abgekühlten Zuckerlösung übergossen.
3. Bei geschlossenem Deckel müssen die Blüten nun fünf Tage in der Zuckerlösung ruhen und geben dabei nach und nach ihre Inhaltsstoffe an die Flüssigkeit ab.
4. Danach werden die Schlüsselblumen abgesiebt und die Zuckerlösung mit den restlichen 400 g Zucker in einem Topf gut durchmischt. Der Sirup wird nun wieder aufgekocht, bis der Zucker völlig aufgelöst ist.
5. Bevor der mindestens noch 80° C heiße Sirup in verschließbare Flaschen gefüllt wird, legt man einige frische Blüten in die Flaschen. Das sieht nicht nur hübsch aus, sondern verrät auch etwas über deren Inhalt.
6. Die verschlossenen Flaschen werden kurz auf den Kopf gestellt. Der Sirup hält dann besonders lange.

IN WALD UND WIESE STEHEN SCHLÜSSELBLUMEN unter Naturschutz und dürfen nicht gesammelt werden. Daher sollte man für diese Köstlichkeiten unbedingt die Schlüsselblume im eigenen Garten ziehen.

DAS IST *wirklich* WICHTIG

[a] DIE ZITRONENSÄURE sorgt bei diesem Blüten-Sirup für einen ausgewogenen Geschmack. Frische Schlüsselblumen werden vor dem Einfüllen der aufgekochten Zuckerlösung als hübsche Dekoration in die Flasche gegeben.

[a]

BLUMEN-SCHOKOLADE
mit Flieder-Crossies

IM MAI BEGINNT DER FLIEDER ZU BLÜHEN UND VERWANDELT DEN GARTEN IN EIN DUFTENDES BLÜTENMEER. VERARBEITET IN EINER BLUMEN-SCHOKOLADE, EIN UNSCHLAGBARES GESCHENK FÜR DEN FRÜHLING.

Zutaten

1 ganze Fliederblütenrispe, weiß oder dunkelviolett (Kontrastfarbe zur Schokolade)

2 Tafeln Schokolade (Weiße, Vollmilch oder Zartbitter)

1 Eiklar

Feinster Zucker zum Bestreuen, etwa 80 g oder 4 gehäufte EL

Besonderes Werkzeug

- Backpapier, Frischhaltefolie
- Feiner Malpinsel
- Topf und Bechertasse für das Wasserbad

So geht's

1. Für die Flieder-Crossies an einem trockenen, sonnigen Vormittag eine vollständig aufgeblühte, makellose Fliederblütenrispe ernten. Mit einer Schere werden dann die einzelnen kleinen Rispen vom Hauptstängel abgeschnitten (die kleinen, feinen Stiele aber zum Halten an der Blüte belassen).
2. Im nächsten Schritt wird das Eiklar leicht mit einer Gabel aufgeschlagen, um mit dem Eiweiß die Blütchen von allen Seiten, innen und außen, sorgfältig einzupinseln [→a].
3. Die bepinselten Blütchen werden nun rundherum mit feinstem Zucker bestreut, bis alles weiß glitzert.
4. Nachdem jede Einzelblüte eingezuckert ist, werden sie auf ein mit Backpapier ausgelegtes Blech gelegt und in den Backofen gegeben. Bei 60° C und leicht geöffneter Tür sind sie in 20 bis 30 Minuten getrocknet. Die Blüten fühlen sich nun etwas wie Porzellan an und sind leicht zerbrechlich.
5. Zum Schluss werden mit einer Schere die Einzelblütchen von den kleinen Stängeln abgeschnitten, da die Stiele nicht essbar sind. Die Flieder-Crossies sind nun fertig.
6. In kleine Stücke gebrochen, wird jetzt die Schokolade in eine große Bechertasse gegeben und diese in einen etwas größeren Topf mit Wasser. Das Wasser wird auf dem Herd erwärmt und die Schokolade in der Tasse zum Schmelzen gebracht.
7. Auf eine Arbeitsplatte, die mit Frischhaltefolie oder Backpapier belegt ist, kann jetzt die flüssige Schokolade gegossen und mit einem Spatel in die gewünschte Dicke gebracht werden.
8. Auf der weichen Schokolade werden die hübschen Blütchen verteilt [→b]. Ist die Masse erkaltet, kann sie zum Verschenken in die gewünschte Form gebrochen werden.

[c]

[a]

[b]

DAS IST *wirklich* WICHTIG

[a] EIN MALPINSEL mit weichen Borsten ist ideal, um den Eischnee auf den Fliederblütchen zu verteilen. Besonders leicht geht es, wenn der Eischnee nicht zu steif geschlagen wird.

[b] DIE FLIEDERCROSSIES müssen gut getrocknet sein, bevor sie auf der Schokoladenmasse verteilt werden. Sie dürfen dabei ruhig ein wenig in die Schokolade sinken. So sind sie fest mit ihr verschmolzen und die Schokolade bekommt einen zarten Krokantbiss.

[c] IN GROBE STÜCKE GEBROCHEN, auf ein farbiges Stück Karton oder Holz gelegt und mit Goldschnur sowie Klarsichtfolie verpackt, ist diese Blumen-Schokolade ein edles Geschenk. Dazu passt ein kleiner Fliederstock oder -strauß.

SCHWARZTEE
aus heimischen Beerenblättern

MIT EINEM KLEINEN TRICK LASSEN SICH HEIMISCHE BEERENBLÄTTER IN EIN WÜRZIGES, NACH SCHWARZTEE DUFTENDES GETRÄNK VERWANDELN – GANZ OHNE KOFFEIN.

Zutaten

5-l-Gefäß voll gemischter Blätter, wie Himbeere, Erdbeere, Brombeere, Schwarze Johannisbeere, Berberitze, Schlehe (Mischungsverhältnis je nach vorhandenen Blättern im Garten)

Besonderes Werkzeug

- Altes Leinentuch oder dunkles Geschirrtuch
- Feste Schnur
- Plastiktüte
- Nudelholz o. Ä.

So geht's

1. Zunächst werden von den links genannten Beerensträuchern in ein 5-l-Gefäß, z. B. Eimer, frische, junge Blätter gepflückt. Aber nur kleine verträgliche Mengen (etwa 20 % pro Pflanze).
2. Die Blätter werden nun auf einem großen Geschirrtuch verteilt und mit einem Nudelholz zerquetscht [→a]. Dadurch brechen die Pflanzenzellen auf und die Blattmasse wird flach.
3. Die Blätter ein wenig mit Wasser besprühen (die Zugabe von Feuchtigkeit erleichtert die Gärung des Pflanzensaftes) und die Stoffränder des Geschirrtuches nach innen schlagen, sodass keine Blätter an den Seiten herausfallen können. Dann wird das Tuch zusammen mit den Blättern mit etwas Druck zu einer Rolle gewickelt und in der Mitte geknickt, sodass die Rolle nur noch halb so lang ist.
4. Diese „doppelte Wurst" wird nun mit einer festen Schnur sehr stramm umwickelt und in eine Plastiktüte gegeben. Damit keine Feuchtigkeit entweichen kann, hängt man das Teebündel zugebunden für drei Tage an einen warmen Ort.
5. Entwickelt das Bündel langsam von innen heraus Wärme, hat der Gärprozess begonnen. Der Tee ist fermentiert, wenn die Blätter beginnen braun zu werden. In der Regel nach etwa drei bis vier Tagen. Am dritten Tag wird das Bündel kurz geöffnet, zum Nachgären eventuell noch einmal besprüht und wieder geschlossen.
6. Spätestens nach vier Tagen wird das Bündel geöffnet, der Tee auseinandergezupft und schnell im Heißluftherd bei leicht geöffneter Tür und 60° C etwa drei Stunden getrocknet. Wenn die Blätter rascheln, kann der Schwarztee in Dosen, Tüten oder Gläser verpackt werden.

[a]

DAS IST *wirklich* WICHTIG

[a] MIT EINEM NUDELHOLZ und kräftigem Druck werden die Blätter gequetscht. Dadurch werden die Zellen beschädigt und Pflanzensaft, der zur Gärung benötigt wird, kann austreten.

[b] IST DAS BLATTWERK leicht vergoren und anschließend gründlich getrocknet, entströmt dem Tee ein herrliches Schwarzteearoma. Ein tolles Geschenk für alle, die keinen echten Schwarztee vertragen oder mal die heimische Variante probieren möchten. Als Deko eignen sich Teefilter.

[b]

BADESALZ
mit Fichtenspitzen

BADESALZE HABEN DIE WUNDERBARE EIGENSCHAFT, DASS SIE LEICHT JUCKENDE UND GEREIZTE HAUT BERUHIGEN. DIE ÄTHERISCHEN ÖLE DER HÖLZER WÄRMEN, FÖRDERN DIE DURCHBLUTUNG UND BEFREIEN GLEICHZEITIG DIE ATEMWEGE.

Zutaten

1 Teil junge Triebspitzen von Fichten

5 Teile Salz, z. B. Totes Meersalz, naturreines Himalajasalz oder auch einfaches Meersalz

Besonderes Werkzeug

- Glas zum Verschließen

So geht's

1. Die Herstellung ist denkbar einfach: Frisch gezupfte, trockene Triebspitzen werden in Lagen mit Salz in das Glasgefäß gelegt [→a] und mit einem Deckel verschlossen.
   Die letzte Lage sollte immer eine Salzschicht sein. Das Salz nimmt in ca. zwei bis drei Tagen die ätherischen Öle auf und kann verwendet werden.
2. Für ein Vollbad werden maximal 50 bis 100 g Badesalz benötigt. Einige Zweiglein dürfen natürlich im Wasser schwimmen. Allerdings sollte man sie vor dem Ablassen des Wassers wieder herausnehmen, um den Abfluss nicht unnötig zu verstopfen.
3. Ein Vollbad bei einer Temperatur von 28° C darf bis zu 30 Minuten dauern, bei maximal 38° C höchstens zehn bis 20 Minuten.
   Kaltes Abduschen nach dem Bad und ein Stündchen Schlaf, in einer warmen Decke eingehüllt, wirken oft Wunder und wecken die Lebensgeister.

NADELHÖLZER BESITZEN EINEN UNVERWECHSELBAREN erfrischenden, aber auch balsamischen Duft. Das feinste Aroma steckt in den jungen Frühlingstrieben. Für das Badesalz kann man auch Kiefern und Douglasien verwenden. Sie entwickeln ein ganz besonderes Dufterlebnis.

[a]

DAS IST *wirklich* WICHTIG

[a] JUNGE FICHTENTRIEBE verströmen einen warmen Waldduft. Geschichtet in Salz, lässt er sich konservieren und einfangen, da Salz ein hautverträglicher Aromaträger ist.

[b] GUT VERSCHLOSSEN in einem hübschen Glas, kann sich das ätherische Öl der Fichtennadeln mehr und mehr mit dem Salz vereinen. Die letzte Lage vor dem Verschließen sollte immer eine Salzschicht sein.

[b]

POTPOURRI
mit verführerischem Frühlingsduft

DÜFTE SIND VERFÜHRER DER SINNE. SIE RUFEN STIMMUNGEN HERVOR UND ERINNERUNGEN. GARTENDÜFTE INS HAUS ZU HOLEN, UM EINEN RAUM DAMIT ZU BEDUFTEN, IST EINE JAHRHUNDERTE ALTE TRADITION.

Zutaten

- 1 Tasse frische Zitronenschalen
- 1 Tasse frische Verbenenblätter (Kübelpflanze)
- 1 Tasse frisch geernteter Waldmeister, angewelkt
- 2 EL brauner Zucker
- 2 EL Weinbrand
- 3 Tassen Salz
- Je 1 Tasse getrocknete gelbe Stiefmütterchen, Ringelblumen, Mahonienblüten und Blätter, Zitronenschalen, Zitronenverbenen
- 1 Vanilleschote, in Stücke geschnitten
- 8 EL getrocknete Iriswurzeln (*Iris germanica* var. *florentina*)
- Getrocknete Blüten zur Dekoration
- Ätherisches Öl bei Bedarf

Besonderes Werkzeug

- Größeres Gefäß mit Deckel

So geht's

1. Für ein leichtes Frühlings-Potpourri werden zunächst frische, abgeschälte Zitronenschalenstückchen, die gestückelte Vanilleschote, Waldmeister sowie die Verbenenblätter mit Salz, Zucker und Weinbrand gemischt.
2. Die Zutaten werden in ein Schraubglas gegeben und der Inhalt hin und wieder kräftig durchgeschüttelt.
   Das Salz hat die Aufgabe, das Zitronen-Öl zu konservieren und die überschüssige Flüssigkeit zu binden. Der braune Zucker konserviert und gibt eine zarte, süße Note. Der Weinbrand macht den Duft verführerisch und wirkt als Lösungsmittel für das ätherische Öl.
3. Nach zwei Wochen ist der Grundansatz fertig und wird mit allen anderen Zutaten vermischt, in ein größeres Gefäß gefüllt **[→a]**. Man kann einen Teil der getrockneten Blüten für die Dekoration zurückbehalten.
4. Das Potpourri muss nun reifen. Dazu wird es ein- bis zweimal in der Woche gerührt oder geschüttelt. Hin und wieder prüft man das Aroma und fügt bei Bedarf einige Tropfen ätherischer Öle hinzu. Es darf experimentiert werden.
5. Frühestens nach sechs Wochen ist es dann soweit. Man entnimmt eine kleine Portion des fertigen Potpourris, legt es in eine hübsche Schale **[→b]** und dekoriert es ansprechend.

DER DUFTVORRAT KANN VIELE JAHRE VERWENDET WERDEN, indem man immer wieder einmal eine kleine Portion aus dem Gefäß nimmt. Das optimale Mischungsverhältnis ist hierbei: 1 EL Iriswurzel pro Tasse Blüten, Blätter und Frucht, 2 Tropfen ätherisches Öl pro Esslöffel Iriswurzel, 2 Teile Blüten auf 1 Teil Blätter und Kräuter.

DAS IST *wirklich* WICHTIG

[a] WALDMEISTER verströmt sein typisches Cumarin-Aroma, wenn er zwei bis drei Stunden angewelkt ist. Dann erst zupft man die Pflanze in kleinere Stückchen und gibt sie in den Grundansatz.

[b] FRISCH GESCHNITTENE ZITRONENSTREIFEN duften besonders intensiv. Die zerkleinerten Zutaten für den Grundansatz, bis hin zum Salz, werden anschließend gründlich gemischt und in einem größeren Schraubglas aufbewahrt.

[c] ABSCHLIESSEND wird ansprechend dekoriert. Am besten mit hübschen, getrockneten Blüten und frischen Frühlingsblüten. Geschnittene Zitronenschale duftet besonders frisch und verleiht dem Potpourri eine fröhliche Farbe.

SOMMER

Der Garten in Hochform

SOMMERLAUNE MACHT KREATIV. DER GARTEN ÖFFNET SICH IN SEINER GANZE FÜLLE. DIE KÖNIGIN DER BLUMEN WARTET DARAUF ZU SIRUP, GELEE, PESTO UND BADEPRALINEN VERARBEITET ZU WERDEN. DIE VIELFALT DER MINZEN IST KAUM ZU ÜBERTREFFEN UND HAT FÜR JEDEN GESCHMACK UND DUFT ETWAS ZU BIETEN.

WEINGUMMI
aus Johannisbeeren

JOHANNISBEEREN GIBT ES IN WEISS, ROT UND SCHWARZ. DIE KLEINEN BEEREN REIFEN IM JULI HERAN UND KÖNNEN DANN ZU EINER AUSGEFALLENEN NASCHEREI VERARBEITET WERDEN.

Zutaten

- 600 ml Johannisbeermark
- 12 g Agar-Agar
- 8 g Zitronensäure
- Honig zum Süßen, je nach Geschmack
- 12 g Apfelpektin
- 4 TL Zucker
- 2 EL Kakaobutter bei Bedarf

Besonderes Werkzeug

- Passiergerät, z. B. Flotte Lotte
- Flache Schale mit Speisestärke oder Silikonform

So geht's

1. Um das Fruchtmark zu gewinnen, werden die reifen Beeren durch die „Flotte Lotte" (Passiergerät) passiert. Schalen und Samen bleiben dabei zurück im Sieb. Ersatzweise eignet sich auch Johannisbeersaft.
2. In einem Topf wird das gewonnene Johannisbeermark zum Kochen gebracht und unter ständigem Rühren das Agar-Agar, die Zitronensäure und der Honig hinzugegeben.
   Agar-Agar ist ein Gelier- und Bindemittel, das bereits seit dem 17. Jahrhundert aus Rot-Algen gewonnen und als hochwertiger Gelatineersatz geschätzt wird. Allerdings kann es nicht im Verhältnis 1:1 gegen Gelatine ausgetauscht werden. Am besten hilft man mit Apfelpektin nach.
3. Vermischt mit Zucker, wird das Pektin in den kochenden Brei gegeben und bei Bedarf noch etwas Kakaobutter hinzugefügt. Die Kakaobutter verleiht der Masse eine festere Konsistenz.
4. Die Mischung lässt man nun vier Minuten unter ständigem Rühren leicht kochen und füllt dann den Brei nach kurzem Abkühlen in entsprechende Formen.
   Am schnellsten geht es mit Silikonformen, denn die erkalteten Fruchtgummis lassen sich nach ca. einer Stunde sehr leicht herauslösen.
   Wer keine Silikonform zur Verfügung hat, kann auch einfach eine flache Schale verwenden, sie 2 cm dick mit Speisestärke füllen, je nach gewünschter Größe und Form der Weingummis eine Mulde in die Stärke drücken **[→a]** und die Fruchtgummimasse mit einem Teelöffel einfüllen **[→b]**.

[c]

DAS IST *wirklich* WICHTIG

[a] JEDE BELIEBIGE FORM lässt sich in die Speisestärke drücken. Der Fantasie sind keine Grenzen gesetzt. Die Fruchtgummimasse erstarrt in dem Mondamin schnell.

[b] DIE PASSIERTE und aufgekochte Fruchtgummimasse wird leicht abgekühlt in die Eintiefungen der Speisestärke gefüllt. Nach dem Ausformen der erstarrten Weingummis wird das Mehl mit einem Pinsel einfach „abgestaubt".

[c] DIE SELBST HERGESTELLTEN Fruchtgummis aus Gartenfrüchten sind gänzlich ohne Konservierungsstoffe oder naturidentische Aromastoffe. Effektvoll sieht eine Mischung aus Roten und Schwarzen Johannisbeeren aus.

[a]

[b]

HOLUNDER-WEIN
aus fruchtigen Blüten

MIT EIN PAAR TRICKS LÄSST SICH AUS DEN FEINEN ZARTEN BLÜTEN DES HOLUNDERS EIN BLUMIGER SOMMERWEIN HERSTELLEN. NACH WENIGEN WOCHEN IST ER FERTIG UND KANN IN EINE SCHÖNE FLASCHE UMGEFÜLLT WERDEN.

Zutaten

- Reinzuchthefe für 5 l
- 2 Hefenährsalztabletten
- ½ l Apfelsaft
- 250 g Holunderblüten
- 3 ½ l Wasser
- 3 unbehandelte Zitronen
- 1 kg Zucker
- 50 g Zitronensäure

Besonderes Werkzeug

- 5-l-Gärgefäß (z. B. Ballonflasche)
- 1 Gäraufsatz mit Gummistopfen
- Dünner Schlauch

So geht's

1. Für den Blütenwein benötigt man zuerst einen ½ l frischen Apfelsaft, der mit der Reinzuchthefe und den Nährsalztabletten verrührt wird. Innerhalb von drei Tagen beginnt der Saft bei normaler Zimmertemperatur (22 bis 25° C) zu gären. Es steigen Bläschen aus dem Saft auf **[→a]**.
2. Erst jetzt werden die Holunderblüten geerntet. Trocken und leicht ausgeschüttelt, um sie von Insekten usw. zu befreien, werden die etwas zerkleinerten Blüten in das Gärgefäß gefüllt und mit Zitronenscheiben bedeckt. Der in lauwarmem Wasser aufgelöste Zucker sowie die Zitronensäure werden ebenfalls in das Gärgefäß gegeben und die Lösung anschließend über die Holunderblüten gegossen.
3. Nun kommt auf den Blütenansatz der gärende Apfelsaft. Der Gäraufsatz wird mit Wasser gefüllt und das Gärgefäß damit verschlossen **[→b]**. So kann Kohlendioxid, das beim Gären entsteht, leicht durch das Wasser entweichen. Fremdstoffe gelangen hingegen nicht mehr in den Ansatz.
4. Die Ballonflasche wird an einen warmen, geschützten Platz gestellt. Wenn nach etwa acht Wochen die Gärung zur Ruhe kommt, kann der Wein mit einem dünnen Schlauch abgezogen werden. Man sollte darauf achten, dass mit dem Schlauch der Bodensatz mit der Hefe nicht aufgerührt wird und entnimmt nur den fast klaren Wein.
5. Um ein besonders sauberes Endprodukt zu erhalten, gießt man den Wein noch einmal in den gereinigten Ballon mit Gäraufsatz, denn der Wein gärt noch ein wenig nach. Auch setzen sich die letzten Trübstoffe in den nächsten Wochen am Boden ab. Nach dieser Zeit ist der Wein genussfertig und kann in schöne Flaschen zum Verschenken umgegossen werden.

[b] BEFINDEN SICH ALLE ZUTATEN im Gärballon, wird dieser mit dem Gäraufsatz verschlossen. Er muss ständig mit Wasser gefüllt sein, damit zwar CO_2 entweichen, aber kein Sauerstoff eindringen kann.

[b]

DAS IST *wirklich* WICHTIG

[a] DIE STARTERKULTUR aus Apfelsaft, Hefe und Nährsalz ist fertig, wenn sie kräftig gärt und dabei Bläschen aufsteigen. Dann wird der eigentliche Holunderblüten-Wein angesetzt.

[a]

[c]

[c] BIS ZUM ENDE DER GÄRUNG haben sich alle Fest- und Trübstoffe am Boden abgesetzt, der Wein kann abgezogen und in schöne Flaschen umgefüllt werden.

ROSEN-SIRUP
zum Verlieben

ROSEN-SIRUP SCHMECKT HERRLICH MIT SEKT ODER MINERALWASSER AUFGEFÜLLT. FÜR ROSEN-BOWLE IST ER UNENTBEHRLICH. EIN ESSLÖFFEL SIRUP GIBT EINEM HEISSEN TEE EINE BESONDERE NOTE.

Zutaten für ½ l Flasche

- 6 Tassen Rosenblütenblätter mit besonders intensiver Farbe, z. B. 'Rose du Roi'
- 600 ml Wasser
- 750 g Zucker
- 1 EL Zitronensäure

So geht's

1. Für den Sirup benötigt man zuerst Rosenwasser. Die schönste und einfachste Methode es zu gewinnen, ist das Brühen.
   Dazu erntet man an einem trockenen, warmen Vormittag tiefrote, duftende Rosen. Etwa zwei große Kaffeebecher voller Blütenblätter werden in einen Topf gegeben und mit kochendem Wasser überbrüht [→a]. Der Topf wird sofort mit einem Deckel verschlossen, damit so wenig Aroma wie möglich verloren geht.
2. Haben die Rosenblätter fast keine Farbe mehr, werden sie abgesiebt und ausgepresst. Ein roter Sud bleibt übrig, der nun erneut aufgekocht und über die nächsten zwei Tassen mit frischen Rosenblüten gegossen wird.
   Das Rosenwasser nimmt noch mehr Farbe und Aroma an, je öfter der Vorgang wiederholt wird. Ein dreimaliges Brühen mit frischen Blüten reicht in der Regel aus.
3. Für den Rosen-Sirup wird nun der Zucker und die Zitronensäure in dem warmen Rosenwasser aufgelöst. Der Sirup wird kurz auf etwa 85° C erhitzt und noch heiß in kleine Fläschchen abgefüllt. Dunkel aufbewahrt, behält der Sirup lange seine Farbe. Verschlossen hält er einige Jahre.

Cremes werden mit dem Rosenaroma verfeinert, mit Doppelkorn oder Wodka vermischt, entsteht ein Rosen-Likör.

UM ROSEN-GELEE HERZUSTELLEN oder Süßspeisen zu verfeinern, kann das Rosenwasser auch ohne Zucker heiß in kleine Flaschen gefüllt werden.

[a]

DAS IST *wirklich* WICHTIG

[a] DIE FARBE UND DER DUFT der Rose bestimmen die Qualität des Sirups. Die hier angegeben Mengen sind daher nur Mindestangaben. Wenn die Blütenblätter beim Überbrühen fast ihre Farbe verlieren, werden sie abgesiebt.

[b] NACH DREIMALIGEM ÜBERBRÜHEN der Rosenblätter mit dem Rosenwasser entsteht ein Sirup, der dunkel aufbewahrt, lange seine tolle Farbe behält.

[b]

Viel Glück!

ROSEN

Essbare Schönheiten aus dem Garten

UM DIESE PFLANZENSCHÖNHEITEN AUCH IN DER KÜCHE VERARBEITEN ZU KÖNNEN, WERDEN NUR DIE ALLERFEINSTEN, ROBUSTESTEN UND GESÜNDESTEN ROSEN ANGEPFLANZT.

Die Zahl meiner Rosenschätze im Garten nimmt von Jahr zu Jahr zu, denn ich entdecke ständig neue „Küchenrosen“. Hier eine kleine Auswahl.

'TOUR DE MALAKOFF'

Diese Strauchrose mit bis zu 2 m Höhe ist für Heckenpflanzungen oder als Einzelstand geeignet. Ihre überhängenden Triebe können mit einem unauffälligen Holzgerüst gestützt werden. Die unzähligen Blüten bekommen so einen besseren Halt. Sie sind rosa bis lila, mit bläulichem Hauch beim Verwelken. Ihr schweres Aroma ist sehr intensiv.
Die Sorte eignet sich für Sprudelbadpralinen, Seifen und Rosen-Bowlen.

'CONDITORUM'

Schon der Name verrät ihre wahre Bedeutung: Süße Köstlichkeiten kann man aus der Konditorrose zaubern. Sie ist eine der ältesten Gallica-Rosen und wurde schon im 17. Jahrhundert zur Herstellung von Rosen-Marmelade, Gelees und Sirup angebaut.
Ihre großen, gefüllten Blüten sind magenta bis rot, mit unbeschreiblich süßem Duft.
Die prächtige Strauchrose ist einmal blühend, durch regelmäßiges Ernten kann die Blütezeit jedoch ein wenig hinausgezögert werden.

'ALFRED COLOMB'

Eine wahre Prachtrose, die sich mit ihren intensiven karminroten und gefüllten Blüten als Gelee-Rose besonders eignet und Rosen-Zucker sowie anderen Köstlichkeiten die entsprechende Farbe verleiht.
Sehr stark duftend, bringt sie sogar eine schöne Nachblüte (remontierend) hervor. Diese Remontantrose stammt aus dem Jahr 1865.
Im Garten erreicht sie eine Wuchshöhe von etwa 1 bis 1,5 m und ist sehr winterhart.

'ROSE DU ROI'

Aus dieser Portlandrose gewinnt man ein tiefes Purpurrot. Der Sirup wird blutrot und gibt einem Gläschen Sekt oder einer lieblichen Bowle, neben dem Rosenduft das hübsche Rosenrot.

DIE INTENSIVSTEN DÜFTE kann man bei roten oder rosafarbenen Rosen erleben. Sie sind warm, schwer, süß und besonders nachhaltig. Je kräftiger der rote Farbstoff, umso besser das Küchenergebnis.

KORNELKIRSCH-MARMELADE *mit Himbeergeist*

IM AUGUST BEGINNT DIE REIFE DER HÜBSCHEN KORNELKIRSCHEN. MAN ERNTET DIE DUNKELROTEN FRÜCHTE, WENN SIE AUF DEN BODEN GEFALLEN SIND. SIE MÜSSEN SEHR WEICH SEIN, ERST DANN ENTFALTEN SIE DAS BESTE AROMA.

Zutaten

- 1 kg Fruchtfleisch aus Kornelkirschen
- 500 g Gelierzucker 2:1
- 20 ml Himbeergeist

Besonderes Werkzeug

- Passiergerät, z. B. Flotte Lotte
- Gläser mit Schraubdeckel oder Einweckgläser

So geht's

1. Schön weich dreht man die reifen Früchte durch die „Flotte Lotte" und trennt somit das Fruchtfleisch vom Kern.
2. Die Fruchtfleischmenge wird abgewogen, mit dem Gelierzucker verrührt und der Brei nach Packungsbeilage drei bis vier Minuten aufgekocht. Erst zum Schluss gibt man den Alkohol hinzu, sein Aroma würde sich beim Kochen verflüchtigen.
3. Eine Gelierprobe sollte immer gemacht werden [→a]. Dazu gibt man einige Tropfen der fertigen, heißen Marmelade auf eine kalte Untertasse. In wenigen Sekunden müssen diese Tropfen fest werden und dürfen beim Schräghalten nicht mehr fließen. Ansonsten noch etwas Gelierzucker hinzugeben, wieder kurz aufkochen und die Gelierprobe wiederholen.
4. Die Marmelade wird in heißem Zustand in die Schraubgläser gefüllt, mit dem Schraubdeckel verschlossen und das Glas kurz auf den Kopf gestellt.
   Einweckgläser müssen bis zum Rand gefüllt und mit Klammern verschlossen werden.

Die erkalteten Gläser am besten im Schrank aufbewahren, damit die Farbe im Laufe des Winters nicht verblasst.

MIT DEN SAMEN DER KORNELKIRSCHE, gereinigt in klarem Wasser und getrocknet, lässt sich selbst hergestellter Kaffee (siehe Seite 128) herrlich verfeinern. Eingenäht in einen Leinenbeutel, dienen sie erwärmt als Wärmekissen, ebenso wie Kirschkernkissen.

[a]

DAS IST *wirklich* WICHTIG

[a] GELIERPROBE: Wird ein Tropfen der flüssigen kochend heißen Marmelade auf einem kalten Teller sofort fest, kann sie abgefüllt werden. Sonst wenige Minuten weiterkochen oder Gelierzucker hinzufügen.

[b] ERST KURZ VOR DEM ABFÜLLEN wird der Himbeergeist hinzugefügt, da der Alkohol sonst sein Aroma verliert. Für eine lange Haltbarkeit werden die Gläser bis zum Rand aufgefüllt und gut verschlossen.

[b]

ROSEN-GELEE

blutrot

ROSEN UND ÄPFEL SIND NICHT NUR MITEINANDER VERWANDT, SIE HARMONIEREN AUCH GESCHMACKLICH GUT, Z. B. IN EINEM BLUTROTEN GELEE.

Zutaten

- 500 ml Kornapfelsaft, alternativ auch normaler Apfelsaft möglich
- 5 Tassen dunkelrote Rosenblütenblätter
- 250 g Gelierzucker 2:1
- Saft einer Zitrone

So geht's

1. Für das Gelee wird der Saft mit der Hälfte der Blüten kurz aufgekocht. Die Blüten verlieren ihre Farbe und werden abgesiebt.
2. Der heiße Saft wird nochmals mit dem Rest der Blüten erhitzt, bis auch sie ihre Farbe an die Flüssigkeit abgegeben haben. Die ausgelaugten Blüten werden wieder abgesiebt und ausgepresst.
3. Der rote Saft wird nun mit dem Gelierzucker vermischt, mit Zitronensaft verfeinert und nach Packungsanleitung drei bis vier Minuten gekocht.
4. Wenn die Gelierprobe (siehe Seite 48) zeigt, dass das Gelee fest genug ist, werden die Schraubgläser damit befüllt. Ein kurzes Umdrehen des heißen Glases, bis die Flüssigkeit auch den Deckel benetzt, sorgt für besonders gute Haltbarkeit des Gelees.

DER HÖCHSTE PEKTINGEHALT befindet sich im Trester unreifer Äpfel und im Apfelsaft, in der Zitrone und ihrer Schale, im Saft der Mispel sowie im Orangen-, Aprikosen- und Kirschsaft. Daher lässt sich aus diesen Säften ein Blütengelee besonders gut herstellen.

ERDBEER-KOMPOTT
mit Alpen-Ampfer-Stielen

ALPEN-AMPFER IST NUR HALB SO SAUER WIE RHABARBER. DIE STIELE SIND DÜNNER UND MÜSSEN DAHER ETWAS LÄNGER GEPUTZT WERDEN. WER DEN ALPEN-AMPFER ABER EINMAL PROBIERT HAT, MÖCHTE NICHT MEHR AUF IHN VERZICHTEN.

Zutaten

- 1½ kg Alpen-Ampfer-Stiele, ersatzweise 1 kg Rhabarber
- 1 kg Erdbeeren
- 1 kg Zucker

So geht's

1. Die gewaschenen Stiele werden abgeschält und in 2 cm lange Stücke geschnitten. Die Erdbeeren werden gewaschen, geputzt und halbiert.
2. Gründlich mit dem Zucker vermischt, bleiben die Früchte über Nacht abgedeckt stehen und ziehen Saft.
3. Die ganze Mischung am nächsten Tag in einen Topf füllen und das Kompott kurz zum Kochen bringen.

Diese erfrischende Fruchtmischung passt abgekühlt wunderbar über süßen Vanillepudding.

ALS VORRAT LÄSST sich so ein Kompott auch einwecken. Dafür die gezuckerte Fruchtmischung in Einmachgläser füllen und 35 Minuten bei 85° C sterilisieren. Zum Sterilisieren der Einmachgläser eignet sich sowohl ein Einweckkessel als auch eine mit Wasser gefüllte Fettpfanne im Backofen.

DAS IST *wirklich* WICHTIG

[a] DIE HÜBSCHE BLÜTE der Indianernessel bleibt zwei Wochen im Honig, dann hat sie ihr Aroma abgegeben. Wer möchte, kann sie aber zum Überreichen im Geschenk belassen und später noch herausnehmen.

[a]

BLUMEN-HONIG
mit Indianernessel

DIE INDIANERNESSEL IST EINE HÜBSCHE BLÜTENSTAUDE MIT HERRLICHEM AROMA. IHRE BLÄTTER DUFTEN WÜRZIG UND ETWAS NACH BERGAMOTTE. DIE BLÜTEN VERSTRÖMEN EINEN ZITRONIGEN DUFT. IN HONIG SIND DIESE AROMEN PERFEKT VEREINT.

Zutaten

250 g flüssiger Honig

1 Stängel blühende Indianernessel

So geht's

1. Die sauberen, trockenen Blütenzweige der Indianernessel werden in ein Glas gelegt. Dann lässt man langsam den Honig einfließen.
2. Nach zwei Wochen werden die Indianernesselblüten wieder entfernt. Der Honig hat dann das Aroma aufgenommen.

Die Variante

Mit intensivem Aroma
Wer das Aroma der Indianernessel verstärken möchte, zupft die roten Einzelblütchen der Indianernessel, schneidet die grünen Kelchblättchen unterhalb der roten Blütenblätter klein und begießt beides nach und nach mit dem süßen Bienennektar.
Bereits nach wenigen Tagen hat der Honig den Geschmack der Indianernessel angenommen und kann als besonders aromatisches Süßungsmittel für Gebäck, Getränke usw. verwendet werden.
Bei dieser Variante bleiben die Pflanzenteile im Honig.

DIE INDIANERNESSEL *(MONARDA DIDYMA)* **ist eine herrliche Teepflanze. Frisch oder getrocknet, passt sie gut in Kräuterteemischungen.**
Wer die grünen Blätter fermentiert (siehe Seite 32), erhält einen aromatischen Schwarztee-Ersatz, der vom edlen „Earl Grey" kaum zu unterscheiden ist – und das ganz ohne Tein!

MINZ-ZUCKER
zum Verfeinern

ZUM PARFÜMIEREN VON ZUCKER GIBT ES VIELE VERSCHIEDENE BLÄTTER UND BLÜTEN IM GARTEN. ETWAS GANZ BESONDERES SIND DIE BLÄTTER DER KRAUSE-MINZE, SIE GEBEN JEDEM ZUCKER EINE FRISCHE NOTE.

Zutaten

- 500 g Zucker
- 10 Stängel frische Pfefferminze, z. B. Türkische Krause-Minze

Besonderes Werkzeug

- Mörser oder Mixer

So geht's

1. Vor der Blüte werden die Minzeblätter an einem trockenen, warmen Vormittag geerntet. Einige Stunden im luftigen Schatten getrocknet, kann man die grünen Blätter dann schichtweise mit dem Zucker in ein Glas füllen.
2. Eine andere Möglichkeit ist, die Blätter trocknen zu lassen, bis sie rascheln. Anschließend kann die Pfefferminze pulverisiert mit dem Zucker vermischt werden.
   Kleine Blattmengen werden im Mörser pulverisiert, größere im Mixer.
3. Sogar frisch geerntet, lässt sich der Duft der Minze im Zucker konservieren. Da der Zucker aber hygroskopisch (wasseranziehend) ist und die Blattfeuchtigkeit aufnimmt, wird er schnell klumpig, wenn auch besonders würzig.
   Ohne Geschmack einzubüßen, lässt sich dieser Zucker nach einer Woche auf einem Backblech trocknen (ca. drei Stunden bei 60 bis 70° C) und kann dann ebenfalls pulverisiert werden.

DER GEWÜRZ-ZUCKER ist toll zum Süßen von Getränken, Pudding, Obstsalat, Tortenfüllungen und Backwaren. Besonders lecker sind Bonbons, Fruchtgummis und in Pfefferminz-Zucker gewälzte Pralinen.

MINZEBLÄTTER SIND WASSERANZIEHEND, DAHER GUT TROCKNEN

DAS IST *wirklich* WICHTIG

[a] FÜR EINEN MINZ-ZUCKER sollten die Blätter gut getrocknet sein, ob im Freien oder später im Backofen. Ein kleiner Wurzelauslauter aus dem eigenen Garten ist eine liebevolle Ergänzung zum Geschenk.

[a]

DAS IST *wirklich* WICHTIG

[a] DIE PFEFFERMINZMENGE kann je nach Geschmack variiert werden. Auch durch die große Sortenvielfalt sollte man sich einfach durchprobieren. Jeder wird schnell zu seinem Favoriten kommen.

[a]

EIS-SAUCE
mit Jostabeeren und Minze

MIT WENIGEN HANDGRIFFEN LÄSST SICH EINE WUNDERBAR FRUCHTIGE BEERENSAUCE FÜR EIS HERSTELLEN. EIN ZWEIGLEIN MINZE GIBT FRISCHE UND RUNDET DEN GESCHMACK NACH SOMMER AB.

Zutaten

- 500 g Jostabeeren
- 500 g Stachelbeeren
- 500 g Himbeeren
- 500 bis 700 g Zucker, je nach Geschmack
- 3 EL Rum
- 1 Zweig Pfefferminze, z. B. 'Spearmint'

Besonderes Werkzeug

- Feines Sieb

So geht's

1. Die frischen Himbeeren, Josta- und Stachelbeeren durch ein Sieb passieren. Die Samen bleiben so im Sieb und man gewinnt reinstes Mus.
2. Die Mischung mit Zucker und Rum auf dem Herd unter ständigem Rühren etwa vier Minuten kochen.
3. Nach der halben Kochzeit den Pfefferminzzweig für etwa zwei Minuten in die Fruchtmasse legen und anschließend wieder entfernen.
4. Die heiße Fruchtsauce in kleine Flaschen mit weitem Hals und Schraubverschluss füllen.
5. Nach dem Eingießen und Verschrauben die Flaschen kurz auf den Kopf drehen. Es entsteht sofort ein Unterdruck und die Sauce hält so mindestens zwei Jahre.

Die Eis-Sauce schmeckt sowohl kalt als auch heiß sehr lecker.

Die Variante

Fruchtig frisch
Wer frischen Beerengenuss bevorzugt, kann die Hälfte des Haushaltszuckers nach dem Passieren der Früchte (siehe 1.) gegen Pfefferminz-Zucker ersetzen. In Fläschchen abgefüllt, ist die Sauce (ohne den links beschriebenen Konservierungsprozess) im Kühlschrank dann etwa eine Woche haltbar.

DIE EIS-SAUCE WIRD IN EINER EISMASCHINE **ohne weitere Zutaten zu einem herrlichen, cremigen Fruchteis.**

MINZEN *für jeden Geschmack*

DIESE UNBEZÄHMBAREN, WUCHERNDEN DUFTWUNDER UND HARTNÄCKIGEN ÜBERLEBENSKÜNSTLER KANN MAN NUR LIEBEN. DIE MEISTEN SORTEN SIND ZUVERLÄSSIGE LIEFERANTEN FÜR ERFRISCHENDES, ÄTHERISCHES ÖL.

FÜR JEDEN STANDORT

Sie gedeihen in fast jedem Boden – ich habe für mich selbst meist mit Nase und Geschmack entschieden, welche Sorten sich in meinem Garten tummeln dürfen, ein gutes Auswahlkriterium, das ich nur weiter empfehlen kann. Minzen stehen nie gerne länger als drei Jahre am gleichen Ort. Wenn man sie nicht umpflanzt, dann machen sie sich selbst Beine.

APFEL-MINZE

Die 'Bowles Apfel-Minze' *(Mentha suaveolens)* wird über 1,30 m hoch – mit ihren gut einen Meter langen Ausläufern, darf sie sich bei mir im Garten neben anderen konkurrenzstarken Pflanzen austoben.
Die Apfel-Minze mag einen sonnigen bis halbschattigen, etwas feuchten Standort. Ihre hübschen, violetten Blüten (Juli bis August) sind ein wahrer Schmetterlingsmagnet. Die behaarten Blätter der Apfel-Minze schmecken nicht nach Apfel, das Teeblatt ähnelt jedoch dem Blatt eines Apfelbaumes. Die Apfel-Minze hat einen hohen Mentholgehalt – seit Generationen verwendet sie meine Familie für Hausteemischungen, zusammen mit Johannisbeer- und Erdbeerblättern.

KRAUSE-MINZE

Von den Krause Minzen *(Mentha spicata* var. *crispa)* gibt es inzwischen viele Varianten – mein Favorit ist die 'Türkische Krause-Minze'. Ihr Wuchs ist nicht ganz so stürmisch, wie der der Apfel-Minze und sie wird nur 80 cm hoch, die Marokkanische (Nana-Minze) sogar nur 50 cm. Auch diese Minzen sollte man von Zeit zu Zeit umpflanzen.
Aus den grünen, frischen Blättern der Marokkanischen Minze kochen die Araber ihren Tee, der mit sehr viel Zucker gesüßt wird. Geschmacklich wird jeder seine eigenen Erfahrungen machen. Sie passt zu Fleischgerichten, Süßspeisen oder wird als Tee aufgegossen – ich verwende sie am liebsten im Pudding oder aufgebrüht als Tee.

ENGLISCHE PFEFFERMINZE

'Spearmint' gehört zu den Minzen mit hohem Anteil an Minz-Öl und der Schärfe des Pfeffers. Einen Spearmint-Tee sollte man nicht länger als sechs Minuten ziehen lassen, er wird schnell zu kräftig. Fleischgerichten, besonders Lammbraten, gibt 'Spearmint' eine besondere Note.
Für mich ist sie die typische „Englische, Grüne Minze“ für Minz-Likör, Marmelade und wohl dosiert für erfrischende Süßspeisen.

ROSEN-PESTO
für schnelle Nudelgerichte

EINE WÜRZMISCHUNG MIT FRISCHEN ROSENBLÄTTERN IST EIN GAUMEN- UND AUGENSCHMAUS AUF JEDEM TELLER. BESONDERS LECKER SCHMECKT SIE ZU PASTA.

Zutaten

- 600 g frischer Rucola
- 400 g frische Blütenblätter einer Duftrose, z. B. 'Rose du Roi'
- 200 g Mandeln, nach Belieben als ganze Nüsse oder bereits grob gemahlen
- 3 EL Salz
- 1 l Distel-Öl

Besonderes Werkzeug

- Fleischwolf oder Mixer
- Portionsgläser/Einweckgläser

So geht's

1. Für dieses besondere Pesto wird eine große Portion Rucola geerntet – je mehr man ihn schneidet, umso besser wächst er nach.
2. Die geputzten Blätter werden anschließend in einem Fleischwolf oder Mixer zerkleinert, sodass eine breiige Masse entsteht.
3. Danach werden die Rosenblütenblätter mit einem Messer so zerhackt, dass die kleinen, roten Blattstückchen noch zu sehen sind.
4. Die Zugabe von Mandeln verleiht dem Pesto ein nussiges Aroma. Wenn man sie brüht, schält und röstet, verstärkt sich der Geschmack merklich. Erst dann werden sie je nach Vorlieben zerhackt oder gemahlen.
5. Blätter, Blüten, Nüsse und Salz werden nun gründlich gemischt. Dann fügt man nach und nach das Öl hinzu und verrührt es gleichmäßig. Wenn sich oben auf der Masse Öl bildet, ist das Pesto fertig.
6. Füllt man die Würzmischung in kleine Portionsgläser ab, muss man ebenfalls genau darauf achten, dass die Oberfläche im Glas mit Öl bedeckt ist. So bleibt der Inhalt länger haltbar.

Frisches Pesto sollte im Kühlschrank aufbewahrt und in wenigen Wochen aufgebraucht werden. Entnimmt man dem Glas eine kleine Portion, füllt man es anschließend gleich wieder mit einer dünnen Ölschicht auf.

WIE ALLE ANDEREN VORRÄTE AUCH, lässt sich ein Pesto einwecken. Wichtig ist auch hier, dass nach dem Befüllen der Glasrand und der Deckel absolut sauber, fettfrei und trocken sind. Die Einweckdauer beträgt bei 85° C eine halbe Stunde.

[b]

[a]

ROSEN-PESTO

DAS IST *wirklich* WICHTIG

[a] WER EIN PESTO MIT BISS haben möchte, kann die Größe der Körnung im Mixer gut variieren. Werden die Zutaten durch den Fleischwolf gegeben, wird das Pesto breiiger und homogener.

[b] ABGEFÜLLT in hübsche Einmachgläser, kann man das Pesto zusammen mit Einweckklammern und dem Rezept verschenken. Dazu passt ein großer Beutel mit Nudeln. Wird das Pesto geöffnet, immer eine Schicht Öl nachfüllen.

TAGLILIENBLÜTEN

gefüllt mit würzigem Frischkäse

DIE BLÜTEN DER TAGLILIEN LASSEN SICH LECKER BEFÜLLEN. WAREN DIE BLUMEN NOCH VOR WENIGEN JAHRHUNDERTEN BEI HOFE EIN ABSOLUTES MUSS, KENNEN WIR DIESE ART DER KULINARISCHEN GENÜSSE HEUTE KAUM NOCH.

Zutaten

- 7 geöffnete Taglilienblüten *(Hemerocallis)*
- 100 g Frischkäse
- 100 g Schmand
- 1 Knoblauchzehe
- Gemischte, fein gehackte Kräuter: Schnittlauchblüten und -stängel, Petersilie, Borretschblüten und -blätter, Kapuzinerkresseblüten und -blätter
- 1 Taglilienblüte, zerhackt zum Untermischen
- Salz nach Geschmack

So geht's

1. Für eine einfache Blütenfüllung wird der Frischkäse unter den Schmand gerührt, die Knoblauchzehe zerhackt und die gesamten geputzten Kräuter, einschließlich der aromatischen Blüten, unter die Masse gerührt. Dann braucht man nur noch mit etwas Salz nachzuwürzen.
2. Die frischen Taglilienblüten erntet man erst kurz vor dem Anrichten. Wichtig: Keine Iris- und Lilienblüten verwenden, sie sind ungeeignet.
3. Aus den Blüten werden sofort Stempel und Staubgefäße herausgezupft [→a]. Dabei lässt sich die Blüte gut von innen säubern und es entsteht mehr Platz für die Füllung.
4. Die Füllung kann nun ganz leicht mit zwei Esslöffeln in den Blütenkelch eingefüllt werden [→b].

JEDE SORTE DER TAGLILIE KANN VERWENDET WERDEN. Die einen blühen recht früh, sind aber etwas kleiner, die meisten besitzen jedoch große Blüten in vielen Farben (fast weiß, hellgelb, gelb, orange, rot, melone, rosa, violett, fast schwarz und geäugt).
Jede Blüte hält nur einen Tag lang. Gegen Mitternacht beginnt sie dann langsam zu welken – so tut es mir auch nicht leid, sie am Abend noch schnell zu verspeisen.

[a]

DAS IST *wirklich* WICHTIG

[a] DIESE PRÄCHTIGEN BLÜTEN werden vor dem Füllen von Staubgefäßen und Stempeln befreit. Sie werden jedoch nur entfernt, da sie beim Befüllen stören würden. Natürlich könnte man sie mitessen.

[b] DIE BLÜTENBLÄTTER sind mit der Festigkeit eines Eissalatblattes vergleichbar. Jedoch halten die Blüten nur einen Tag lang. Bis Mitternacht sollte man sie daher aufgegessen haben.

[b]

TAGLILIENKNOSPEN

würzig eingelegt

TAGLILIEN WERDEN OFT ALS UNKRAUT BEZEICHNET, DA SIE STARK WUCHERN. GENAU DANN SOLLTE MAN SIE EINFACH AUFESSEN. TATSÄCHLICH SIND ALLE TEILE DIESER PFLANZE WIRKLICH KÖSTLICH.

Zutaten für 1 Blech

- 20 große Taglilienknospen
- Einige grüne Blätter eines jungen Ablegers
- Einige Wurzelstücke
- 2 Zucchini
- 2 Knoblauchzehen
- Salz nach Geschmack
- 1 Zweig Rosmarin
- 1 Sträußchen Thymian
- 3 EL Öl
- 1 Zwiebel, gehackt
- Saft einer Zitrone
- 3 EL weißer Balsamico-Essig
- 150 ml Oliven-Öl
- 1 Lorbeerblatt, zerbrochen
- 3 Taglilienblüten, grob gehackt

So geht's

1. Beim Ernten der großen Blütenknospen [→a] wird ein kleiner Ableger mit ausgegraben, der meist an einer Pflanzenwurzel hängt.
2. Die Wurzeln werden unter fließendem Wasser gut gesäubert und in fingerlange Stücke geschnitten.
   Die Blütenknospen werden nur kurz gewaschen, die jungen, zarten Blätter des Ablegers schneidet man in grobe Stücke.
3. Die gewaschenen, ungeschälten Zucchini in dünne Scheiben schneiden.
4. Anschließend werden Knospen, Blätter und Wurzelstücke der Taglilie sowie die Zucchini auf ein gefettetes Backblech gelegt und mit Rosmarinnadeln, Thymian, Salz und fein geschnittenem Knoblauch gewürzt. Zum Schluss kommt noch etwas Öl über das Gemüse.
5. Das gewürzte Gemüse im Backofen 20 Minuten bei 180° C garen.
6. Inzwischen wird aus den restlichen Zutaten eine Marinade gerührt, die man zusammen mit dem heißen, gegarten Gemüse in ein Glas füllt [→b].
   Vor dem Verzehren sollte das Ganze noch mindestens drei Stunden durchziehen.

DIESE UNGEWÖHNLICHEN ANTIPASTI PASSEN GUT ZU Weißbrot und Gegrilltem. Wer nicht genügend Taglilienpflanzen im Garten hat, kann die Antipasti sehr gut mit weiterem Gemüse wie Paprika und Champignons ergänzen bzw. die Knospen ersetzen.

DAS IST *wirklich* WICHTIG

[a] DIE BLÜTENKNOSPEN werden kurz vor dem Öffnen unterhalb des Fruchtknotens abgeschnitten oder mit der Hand und etwas Druck nach außen abgebrochen. Jeder Zentimeter ist kostbar.

[b] GEGARTE KNOSPEN werden, längs geschichtet in einem Glas, mit Marinade übergossen.

[c] TAG FÜR TAG entwickeln sich die leckeren Knospen wieder neu. Einige Tage brauchen sie, bis die volle Größe erreicht ist. So erstreckt sich die Ernte über mehrere Wochen. Wer nicht genug Pflanzen hat, ergänzt die Taglilien-Antipasti mit Gemüse.

BERBERITZE

Rote Würze mit toller Säure

DIE BERBERITZE *(BERBERIS VULGARIS)*, AUCH SAUERDORN ODER ZITRONE DES NORDENS GENANNT, IST EIN KLASSIKER UNTER DEN ZIERSTRÄUCHERN. AUS IHREN FRÜCHTEN LÄSST SICH EIN GEWÜRZ FÜR SCHARFE REISGERICHTE ZAUBERN.

Zutaten für 40 g

400 g reife Früchte der Berberitze

Besonderes Werkzeug

- Bei Bedarf kleine Gewürzmühle

So geht's

1. Die roten Früchte – sie erinnern in ihrer Form an Reiskörner – werden behutsam abgezupft (auf die spitzen Dornen des Busches achten, da man sich leicht an ihnen verletzen kann). Die Ausbeute von reifer zu getrockneter Frucht beträgt ca. 8 bis 10 %.
2. Die kleinen Vitaminwunder werden nach dem Säubern auf ein Backblech gelegt und im Heißluftherd bei 50 °C und leicht geöffneter Backofenklappe ca. acht Stunden getrocknet. Dafür klemmt man einen Holzlöffel zwischen Ofen und Tür, sodass die feuchte Luft entweichen kann.
3. Sobald die Früchte hart und trocken sind, werden sie in eine kleine Gewürzmühle gefüllt und geben gemahlen diversen Gerichten eine herrliche saure Note.

Das hübsche rote Pulver lässt sich beim Backen ebenso wie eine Zitronenschale einsetzen – allerdings nicht zu vergleichen mit der extremen Zitronensäure.
Auch für allerlei Süßspeisen kann man das Berberitzenpulver verwenden: Eine weiße Schokolade, siehe Seite 30/31, mit dem roten Pulver schmeckt besonders fruchtig (die Trockenfrüchte braucht man hierfür im Mörser nur leicht zerstoßen, damit die Fruchtstücke etwas größer sind).

ALS FEINE SÄURE IN REISGERICHTEN kann man auch die ganze Frucht beim Reiskochen mit in den Topf geben.

DAS IST *wirklich* WICHTIG

[a] LEGT MAN GETROCKNETE, harte Berberitzen in eine offene Schale, nehmen sie sofort die Feuchtigkeit aus der Luft an. Weiche Früchte werden im Mörser dann eher gequetscht als pulverisiert. Darum ist ein Schraubglas der ideale Aufbewahrungsort.

[a]

TOMATE UND PAPRIKA

Unvergleichliches Rauchgewürz

OB IN EINEM ECHTEN RÄUCHEROFEN ODER EINEM EINFACHEN KUGELGRILL, JEDER KANN RÄUCHERN. WER EINMAL EIN GERÄUCHERTES GEWÜRZ VERWENDET HAT, MÖCHTE NIE MEHR DARAUF VERZICHTEN.

Zutaten

- 1 Teil getrocknete Tomaten
- 3 Teile getrocknete Paprika
- 1 Zweig Wacholder *(Juniperus communis)*

Besonderes Werkzeug

- Kugelgrill oder Räucherschrank
- Buchenmehl zum Räuchern
- Grillkohle

So geht's

1. Im Räucherschrank oder -gerät, das man in Kleinformat im Angelshop erhält, werden die getrockneten Tomaten und Paprika nach Anleitung des Gerätes für zwei Stunden über Buchenmehl mit einem Wacholderzweig geräuchert. Wer keinen Räucherschrank zur Verfügung hat, kann sein Gemüse auch leicht mit einem Kugelgrill räuchern.
2. Im Kugelgrill bringt man zunächst die Grillkohle zum Glühen. Es wird nur die Hälfte dessen verwendet, was man üblicherweise zum Grillen braucht.
3. Auf einen feuerfesten Abstandshalter zur Glut wird nun eine feuerfeste Schale mit dem Räuchermehl und dem Wacholder gestellt. Sind Paprika und Tomaten groß genug, dass sie nicht durch den Rost fallen, kann man sie nun direkt auf den Grillrost legen [→a]. Ansonsten legt man sie in einer Fettschale auf den Grillrost.
4. Beginnt das Räuchermehl zu glimmen (es darf nicht brennen, im Zweifelsfall befeuchtet man es etwas mit Wasser), wird der Kugelgrill geschlossen. Nur die untere Lüftung bleibt minimal geöffnet. Der Rauch muss das Räuchergut nun mindestens zwei Stunden umgeben.
5. Nach dem Räuchern wird das Gemüse in einer Küchenmaschine in Flocken, Schrot oder Pulverform gemahlen [→b] – ich verwende am liebsten eine alte Kaffeemühle, die schon lange nicht mehr nach Kaffee riecht.
6. Das fertige Würzpulver wird in Schraubgläser gefüllt. Man bewahrt es am besten im Küchenschrank auf.

BESONDERS WÜRZIG SCHMECKT ES, wenn man das Gemüse selbst dörrt und vor dem Trocknen mit Salz bestreut – dies ist grundsätzlich mit jedem Gemüse aus dem Garten möglich.

[a]

[b]

DAS IST *wirklich* WICHTIG

[a] NUR GETROCKNETE GEMÜSE werden zum Räuchern auf den Kugelgrill gelegt. Räuchermehl von der Buche zu verwenden, hat eine lange Tradition. Es funktioniert aber auch mit Mehl von Obstgehölzen wie Apfel, Birne oder Kirsche.

[b] DIE GERÄUCHERTEN TOMATEN und Paprika werden im Mixer zu feinem Pulver vermahlen oder geschrotet. Entweder wird der Mixer nur wenige Sekunden angeschaltet oder alles in einer groben Trommelreibe zerkleinert.

[c] PULVERISIERTE RAUCHTOMATEN und -Paprika sind eine Rarität mit Überraschungsfaktor. Eingesetzt werden sie ähnlich wie normales Paprikapulver, schmecken nur viel besser!

[c]

GRILLFEUER
aus mediterranen Kräutern

IN EINEM GARTEN GIBT ES KEINEN ABFALL. WER KRÄUTERBLÄTTER FÜR TEES ETC. TROCKNET, KANN SELBST DIE KLEINEN ZWEIGE UND STÄNGEL NOCH VERWENDEN. SIE GEBEN GRILLGUT WIE FLEISCH EINE HERRLICH MEDITERRANE NOTE.

Zutaten

Einige Handvoll holzige Überreste von getrockneten Kräutern, z. B. Salbei, Majoran, Thymian, Lavendel, Estragon, Wermut, Bohnenkraut, Rosmarin, Pfefferminze, Gewürzstrauch

Besonderes Werkzeug

- Grill

So geht's

1. Wer einen Teil seiner Kräuter für den Wintervorrat trocknet (die geernteten Kräuterbüschel an einen luftigen, schattigen Ort hängen, bis sie beim Berühren knistern und zerbröseln), kann neben den Blättern und Blüten anschließend auch die Zweige verwenden. Dazu werden einfach die getrockneten Kräuterblättchen vom holzigen, harten Haupttrieb abgerubbelt.
2. Die übrig gebliebenen Zweige werden in kleinere Stücke geschnitten. Es können Zweige von Salbei, Majoran, Thymian, Lavendel, Estragon, Wermut, Bohnenkraut oder Rosmarin sein. Pfefferminze eignet sich ebenso gut wie die trockenen Zweige des Gewürzstrauches *(Calycanthus floridus)*.
3. Die mediterranen Kräuter eignen sich hervorragend zum Grillen. Man kann sie sehr gut mischen und eine Handvoll auf die Glut geben **[→a]**. Beim Nachlegen von Grillgut wird wieder eine Handvoll dazugegeben. Der Kräuterrauch macht nicht nur Appetit, sondern aromatisiert das Grillgut mit dem zarten, würzigen Rauchduft.

DIE KRÄUTER EIGNEN SICH EBENFALLS ZUM RÄUCHERN **(siehe Seite 68/69). Dazu legt man sie einfach auf das Räuchermehl.**

[a]

DAS IST *wirklich* WICHTIG

[a] ERST, WENN DIE GRILLKOHLE glüht, werden obenauf einige Gewürzzweige gelegt, das so genannte „Grillfeuer". Bald schon entströmt ein würziger Rauch.

[b] DANN WIRD ES ZEIT, das Grillgut auf den Rost zu legen. Während des gesamten Grillvorgangs kann das „Grillfeuer" immer wieder durch den Rost gestreut werden.

[c]

[b]

[c] MIT DEM DUFTENDEN RAUCH werden Fleisch oder Gemüse aromatisiert. Das Grillfeuer kann in groben Stücken oder auch etwas zerkleinert verschenkt werden. Ein Hit auf jeder Grillparty.

SOMMER-TEE

Erfrischung aus Blumen und Blättern

ERFRISCHEND FRUCHTIG, KÜHL, MINZIG UND BELEBEND, SO MUSS EIN SOMMERTEE SCHMECKEN. DIE BLÄTTER UND BLÜTEN LIEFERT UNS DER GARTEN.

Zutaten

- 2 Teile Indianernessel
- 3 Teile Brombeerblätter
- 1 Teil Melisse
- 1 Teil Minze
- 1 Teil Malve
- 1 Teil Ringelblume

So geht's

1. Im Sommer beginnt die Blüte der Ringelblume. Man zupft die Blütenblättchen ab und trocknet sie ausgelegt in der warmen, schattigen Sommerluft. Die Blüten sind zart und klein und daher bereits nach zwei bis drei Tagen trocken.
   Melisse und Minze werden in großen Sträußen unmittelbar vor der Blüte geschnitten, Indianernesseln und Malven während der Blüte. Die geernteten und getrockneten Brombeerblätter geben dem Tee die beerige Note.

3\. Wenn der Sommer eine lange, trockene Wetterperiode erwarten lässt, sollten die locker gebundenen Sträuße möglichst an der Luft getrocknet werden.
   Stellt sich Regen ein, muss im Dörrofen getrocknet werden – jeder Regentropfen würde die Qualität des Tees stark beeinträchtigen. Wer keinen Dörrofen hat, kann bei nicht übermäßigen Mengen natürlich auch im Heißluftherd trocknen.

4\. Bei einer Temperatur von etwa 60° C werden bei leicht geöffneter Ofenklappe die abgezupften Teeblätter und -blüten in ca. drei bis vier Stunden getrocknet. Wer dörrt, wartet so lange, bis die Blätter beim Umwenden rascheln.

5\. Die Blätter können trocken und dunkel (Gefäß oder Küchenschrank) aufbewahrt werden.

Frisch zerrieben und aufgebrüht, ist die Mischung ein herrlich duftender Sommer-Tee.
Abgekühlt, mit Zitronensaft und Honig gewürzt, entsteht eine erfrischende Gartenlimonade.

DAS IST *wirklich* WICHTIG

[a] DIE GUT GETROCKNETEN Teeblätter werden zum Verschenken in eine durchsichtige Tüte gefüllt. Zum Lagern sollte sie jedoch in eine Dose oder den Küchenschrank gelegt werden, da getrocknete Pflanzenteile im Licht verblassen.

[a]

FRAUENMANTEL-TINKTUR

Gutes aus der Natur

ES GIBT KEINE WEIBLICHE UNPÄSSLICHKEIT – OB MENSTRUATION, SCHWANGERSCHAFT ODER WECHSELJAHRE – AUF DIE FRAUENMANTEL NICHT WENIGSTENS AUSGLEICHEND WIRKT, UND DAS ALLES OHNE BEKANNTE NEBENWIRKUNGEN.

Zutaten

1 Teil Frauenmantelkraut

4 bis 5 Teile Doppelkorn

Besonderes Werkzeug

- 1 Schraubglas

So geht's

1. Das sauber verlesene (ungewaschene!), ganze Kraut mit Blättern, Blüten und Stängeln wird grob zerhackt und in ein Marmeladenglas gefüllt; bis es fast voll ist, ohne zu stopfen.
2. Das so gefüllte Glas wird bis zum Rand mit Alkohol aufgegossen und mit einem Schraubdeckel verschlossen.
3. Zehn Tage bleibt dieser Ansatz bei 15 bis 20° C im Zimmer stehen. Dann kann die fertige Tinktur mit einem Tee- oder Kaffeefilter abgefiltert werden.

Eine Anwendung von zehn Tropfen, dreimal täglich vier Wochen lang, ist absolut unbedenklich.

EINIGE TROPFEN DER TINKTUR MIT KÖRPERMILCH VERMISCHT, lassen sich angenehm auf der Haut verteilen. Das Gelbkörperhormon des Frauenmantels kann so über die Haut aufgenommen werden.

DAS IST *wirklich* WICHTIG

[a] JUNGE, FRISCH AUFGEBLÜHTE Pflanzen besitzen die meisten gesunden Inhaltsstoffe. Eine Tinktur daraus bereichert jede Hausapotheke. Ein kleines Fläschchen davon ist ein wunderbares Geschenk.

[a]

BADEPRALINEN
aus Rosenblüten

GIBT ES ETWAS SCHÖNERES, ALS IM DUFT VON ROSEN ZU BADEN? SELBST GEPFLÜCKT IM EIGENEN GARTEN UND FÜR EINEN LIEBEN MENSCHEN IN DIESE HÜBSCHE SEIFE IN PRALINENFORM VERWANDELT?

Zutaten

- 200 g Natron
- 100 g Zitronensäure
- 11 gestrichene EL Speisestärke
- 200 g Kakaobutter
- 1 Tasse getrocknete Rosenblüten
- Für verstärkten Duft einige Tropfen Rosen-Öl

Besonderes Werkzeug

- Silikonform, Eiswürfelformen oder Plastikbecher
- Topf zum Erhitzen

So geht's

1. Für diese duftenden Rosen-Badepralinen werden im Sommer einige der schönsten Duftrosen (z. B. 'Tour de Malakoff') geerntet und die Blütenblätter getrocknet (siehe Seite 72, 1. bis 4.).
2. Für den Badezusatz werden Natron, Zitronensäure, Speisestärke und die sehr fein zerkleinerten Blütenblätter (zwischen den Fingern zerreiben) vermischt. Dann rührt man die Kakaobutter, die man zuvor im Topf leicht erwärmt und zum Schmelzen gebracht hat, zügig mit einem Löffel unter die anderen Zutaten [→a]. Falls die selbst getrockneten Rosen zu wenig eigenen Duft haben, darf mit einigen Tropfen Rosen-Öl das Aroma noch verbessert werden.
3. Den durchgerührten Brei füllt man schnell in kleine Silikonformen, wie man sie auch zum Backen verwendet [→b]. Zum schnelleren Aushärten kann man sie in den Kühlschrank stellen.
4. In zwei Stunden sind die „Pralinen" fertig und werden ausgeformt, d. h. aus der Form herausgenommen. Statt der Backformen können auch Eiswürfelformen oder kleine Plastikbecher verwendet werden.

Zum Baden gibt man eine Badepraline in das warme Wannenbad. Sprudelnd löst sie sich auf und verteilt den Duft sowie das pflegende Fett auf der Haut. Das Bad wirkt wohltuend und entspannend auf Haut und Körper.

[a]

[b]

DAS IST *wirklich* WICHTIG

[a] DIE HERSTELLUNG dieser Badepralinen geht sehr schnell. Man mischt zuerst die trockenen Zutaten und rührt dann nur noch zügig die erwärmte, flüssige Kakaobutter unter sowie das Duft-Öl.

[b] SCHNELL ZIEHT DIE MASSE AN, d. h. sie wird dick. Deshalb füllt man so zügig wie möglich, den Brei in die vorbereitete Form. Bei Zimmertemperatur lässt man die „Pralinen" in der Form über Nacht aushärten. Im Kühlschrank sind sie nach zwei Stunden fertig.

[c] DIESE PRALINEN sehen zwar sehr lecker aus, sind aber nur für die Badewanne gemacht. Sie dürfen nicht verzehrt werden! Die einzelnen Zutaten werden allerdings häufig in der Küche verwendet.

[c]

HERBST

Bunter Fruchtgenuss

SCHENKEN MACHT FREUDE, UND EIN REICHER GARTEN BIETET IM HERBST BESONDERS VIELE MÖGLICHKEITEN, AUSSERGEWÖHNLICHE GESCHENKE SELBST HERZUSTELLEN. GEWÜRZE AUS GEMÜSESAMEN WIE PASTINAKE, SALBEN AUS HEIMISCHEN TROCKENKÜNSTLERN UND FRUCHTIGES FÜR SÄFTE UND LIKÖRE. DER GARTEN IST VOLLER FRÜCHTE FÜR BESONDERE REZEPTE.

ZWIEBELN

Feine Würze aus Samen

DIE WINTERHECKENZWIEBEL FEHLTE FRÜHER IN KEINEM BAUERNGARTEN. DENN SOGAR AUS DEN SAMEN DIESES MEHRJÄHRIGEN ZWIEBELGEWÄCHSES LÄSST SICH EINE UNGEAHNT FEINE WÜRZE FÜR DIVERSE SPEISEN HERSTELLEN.

Zutaten

Blühende Speisezwiebelsorten, z. B. Winterheckenzwiebel oder auch Schnittlauchblüten

Besonderes Werkzeug

- Gläser mit Deckel oder kleine Gewürzmühle
- Engmaschiges Sieb

So geht's

1. Die Winterheckenzwiebel beginnt im Juli/August zu blühen (bis dahin lassen sich die Schlote ab dem Frühjahr regelmäßig für Salat schneiden), im August/September nach der Abblüte werden dann die Samen reif.
   Sind die Samenhüllen wie Pergament und geöffnet, werden die Samenstände geerntet.
2. Die Samen müssen nun von der Hülle getrennt werden. Dazu füllt man die Samen in ein kleines Säckchen, bindet es zu und schlägt mit dem Kochlöffel von allen Seiten darauf.
3. Samen und Samenhüllen werden nun in ein engmaschiges Sieb über eine Schüssel gegeben. Ist das Sieb fein genug, fallen nur die schwarzen Samen heraus und kaum Spreu.
4. Behutsam wird die restliche Spreu von den Samen gepustet oder geschüttelt. Man kann hierfür die Schüssel ein wenig rütteln.
5. Die sauberen, schwarzen Körner werden zum Aufbewahren in Gläser mit Deckel oder direkt in eine hübsche Gewürzmühle gefüllt.

ZWIEBELSAMEN SIND ZWAR KEIN ERSATZ FÜR PFEFFER, der sie einst verdrängt hat, jedoch eine ungeahnt feine Würze für viele Brot- und Backwaren wie Fladen (vor dem Backen auf den Teig geben), Pizzateigrand, Brotteig oder auch für Salatsaucen.

[b]

[a]

DAS IST *wirklich* WICHTIG

[a] JE NACH ZWIEBELSORTE sind die schwarzen, kantigen Samen ziemlich klein. So klein, wie früher einmal der Pfeffer in seiner Urform war. Um nun die Samen von der Spreu zu trennen, bläst man vorsichtig in die Samenschale.

[b] DIE TROCKENEN UND SAUBEREN Körner werden am besten in verschlossenen Gläsern oder einer Gewürzmühle gelagert. Ein kostbares Geschenk mit zartem Aroma.

JUNGFER IM GRÜNEN

Schwarzkümmel aus dem Garten

DAS ZARTBLAUE BIS WEISSE, EINJÄHRIGE BLÜMCHEN, DIE JUNGFER IM GRÜNEN *(NIGELLA DAMASCENA)*, KENNT FAST JEDER. EINMAL IM GARTEN, WIRD SIE ZUM DAUERGAST, DESSEN SAMEN SICH ALS SCHWARZKÜMMEL VERARBEITEN LASSEN.

Zutaten

Blühende Jungfer im Grünen

So geht's

1. Die krautigen Pflanzen blühen von Juni bis August. Aber erst, wenn die großen Samenkapseln wie Pergament aussehen **[→a]** und beim Schütteln die Samen im Inneren rascheln, sind sie reif und es ist Zeit zum Schneiden.
2. Die meisten Samen lassen sich einfach herausschütteln. Bleiben zu viele Körner im Innern stecken, werden die Kapseln vorsichtig geöffnet **[→b]**. Jedes Gewürzkörnchen ist kostbar.
3. In einem einfachen Schraubglas kann man sie bis zum Verbrauch aufheben.

Der Schwarzkümmel der Jungfer im Grünen eignet sich hervorragend zum Bestreuen von süßem und salzigem Hefegebäck. In Müsliriegeln ist er ein guter, einheimischer Ersatz für Sesam.

***NIGELLA SATIVA* HEISST DER ECHTE SCHWARZKÜMMEL** und wird in der Türkei zum Verfeinern der typischen Backwaren angebaut. Da er in unserem Klima jedoch nicht so gut gedeiht, wird bei uns der Samen von Jungfer im Grünen *(N. damascena)* verwendet, mit nahezu identischem Geschmack und Aussehen.

DAS IST *wirklich* WICHTIG

[a] BEVOR DER WIND die zarten Pflanzenstängel schüttelt und die Samen aus den offenen, reifen Kapseln herausfallen, schneidet man sie mit einer Schere ab. Ein trockener Tag ist hierfür besonders geeignet.

[b] BEI HOHER LUFTFEUCHTIGKEIT oder vorangegangenem Regen, bleiben häufig einige Samen im Innern der Kapseln kleben. Herausschütteln alleine reicht nicht aus. Daher werden die Kapseln zur gründlichen Ernte geöffnet. Jedes Körnchen ist kostbar.

[c] DIE SAMEN können nach der Ernte noch leicht feucht sein. Um Schimmelbefall vorzubeugen, werden die Würzsamen daher für zwei Tage an einem trockenen Ort auf einem Tuch ausgebreitet. Anschließend kann man sie ohne Probleme in einem Schraubglas aufbewahren.

PASTINAKEN

Süße Würze aus Samen

ALLE ZWEI JAHRE ZEIGEN DIESE PRACHTEXEMPLARE DER RÜBEN GEWALTIGE, GELB BLÜHENDE DOLDEN AUF 2,50 M HOHEN STÄNGELN. IN UNGLAUBLICHEN MENGEN WERDEN FLACHE, BRAUNE, RUNDE SAMEN GEBILDET.

Zutaten

Blühende Pastinaken

So geht's

1. Für die Samenernte werden die braunen Einzeldolden abgeschnitten, bevor sie sich selbst im Garten aussäen. Damit die einzelnen Samen beim Ernten nicht daneben fallen, erntet man sie gleich in eine Schüssel hinein.
2. Die Dolden müssen nun an der Luft trocknen, nach wenigen Tagen können die Samen abgestreift werden.
3. Zum Reinigen der Samen wird die Ernte durch ein grobes Sieb gegeben, durch das die Spreu (kleine Verunreinigungen), jedoch nicht die größeren Samen fallen können.
4. Anschließend werden die trockenen Samen bis zum Verbrauch in ein Schraubglas gefüllt.

Durch Erhitzen, beispielsweise in einer heißen Bratpfanne, entfalten die Pastinakensamen ein Aroma von Petersilie, Maggi, Nüssen und natürlich Pastinake. Zerstoßen oder im Ganzen, können damit Panaden, Suppen oder kräftige Brote gewürzt werden.

PASTINAKEN BILDEN EINE UNMENGE AN SAMEN. Mit dem Saatgut einer einzigen Pflanze könnte man beispielsweise ein kleines Dorf drei Jahre lang versorgen. Damit es bei der eigenen Samenvermehrung im Garten nicht zur Inzucht kommt, sollte man mindestens 20 Pflanzen miteinander blühen lassen.

DAS IST *wirklich* WICHTIG

[a] PASTINAKEN BLÜHEN alle zwei Jahre. Um die Samen zu ernten, lässt man einfach die winterharten Wurzeln, die blühen sollen, im Winter in der Erde.

[a]

KAPUZINERKRESSEN-ESSIG

mit Blüten und Samen

BEIM ANBLICK DER LEUCHTENDEN BLÜTEN DER KAPUZINERKRESSE AHNT MAN NOCH NICHT DEREN GESCHMACK. WER RECHNET SCHON MIT EINER PFEFFRIGEN SCHÄRFE, KOMBINIERT MIT KRÄFTIGEM RADIESCHENAROMA.

Zutaten

½ l weißer Balsamico-Essig

1 Handvoll Blüten und junge Samenansätze der Kapuzinerkresse

So geht's

1. Blätter, Stängel und die grünen, unreifen Samen teilen die Schärfe der Blüten. Die Blüten (Blütezeit von Juni bis Oktober) sowie saubere, kleine, grüne Früchte werden in eine Flasche gegeben und mit Essig übergossen.
2. Die Essigsäure löst schnell die Farbstoffe der zarten Blüten. Der Essig nimmt die Farbe an. Besonders hübsch wirkt er daher in einer klaren Flasche.
   Nach zehn Tagen müssen die Blüten aus dem Essig entfernt werden.

ALLE ESSBAREN BLÜTEN im Garten lassen sich zum Aromatisieren von Essig verwenden. Hierbei ist auch die Farbe der Blüten von Bedeutung, da sie ihre Farbe an den Essig abgeben.
Aus einem farbigen Duft-Essig kann mit etwas Wasser ein erfrischendes, durstlöschendes Sommergetränk gezaubert werden, ohne Zucker sehr gesund!

DIE GRÜNEN, ESSIGSAUREN SAMEN können wie Kapern eingesetzt werden. Sie passen gut zu grünem Pfeffer und in eine Steaksauce.

DAS IST *wirklich* WICHTIG

[a] ALLE TEILE DER KAPUZINERKRESSE sind essbar und sehr schmackhaft. Allerdings erwartet man selten diese Schärfe, die mit der des Radieschen vergleichbar ist.

[a]

ZUCCHINI
herzhaft eingelegt

WER ZUCCHINI EINMAL IM GARTEN ANGEBAUT HAT, MÖCHTE NICHT MEHR DARAUF VERZICHTEN. NAHEZU JÄHRLICH KANN MAN SICH AUF EINE REICHE ERNTE FREUEN. WARUM NICHT EINFACH VERSCHENKEN, SÜSS-SAUER EINGELEGT WIE GURKEN.

Zutaten

- 1½ kg kleine Zucchini, gelbe und grüne

Für den Sud:

- 1 l Wein-Essig
- 1 l Wasser
- 2 EL Salz
- 400 g Zucker
- 2 Lorbeerblätter

Pro 1-l-Glas:

- 1 EL Senfkörner
- Einige Dillsamen
- Einige Zwiebelringe
- 1 EL weiße Pfefferkörner
- 4 Pimentkörner
- ¼ Meerrettichknolle (pro Glas eine Scheibe)
- Wenige Blättchen Estragon
- Wenige Blättchen Thymian
- 1 kleiner Zweig Dill, gerne mit Blüte

Besonderes Werkzeug

- Weckgläser und Weckkessel

So geht's

1. Es wird ein typischer Gurkensud aus Wasser, Essig, Salz, Zucker und Lorbeer aufgekocht.
2. Die geputzten, jungen Zucchini werden in dünne Scheiben oder mundgerechte Stücke geschnitten, am besten mit Schale.
3. Das Gemüse wird in saubere Weckgläser geschichtet, und alle Gewürze werden auf die Gläser verteilt. Auch die Zwiebel, die vorher in Ringe geschnitten wurde.
4. Nun wird der abgekühlte Sud über die Gewürzzucchini gegossen [→a]. Der Sud darf nicht mehr warm sein. Die Ausgangstemperatur im Glas sollte mit der Flüssigkeit zum Einwecken im Kessel identisch sein.
5. Vor dem Verschließen der Gläser muss der Rand von Glas, Deckel und besonders der Weckringe absolut sauber, trocken und fehlerfrei sein!
6. Dann können die Weckgläser mit Gummi, Glasdeckel und Klammern zum Einwecken verschlossen werden. Bei 85° C beträgt die Einweckzeit 15 Minuten.
7. Die Klammern, die den Deckel auf dem Glas halten, werden erst abgenommen, wenn das Glas nach dem Einwecken abgekühlt ist. Ist ein Glas einmal nicht fest verschlossen, muss der Inhalt gekühlt aufbewahrt und bald verbraucht werden.

[b]

[a]

DAS IST *wirklich* WICHTIG

[a] DER SUD wird abgekühlt über die jungen, geputzten und mit den Gewürzen vermengten Zucchinischeiben gegossen.

[b] BEIM EINFÜLLEN DER ZUTATEN in die Weckgläser wird meist der Glasrand verunreinigt. Daher muss jeder Rand vor dem Verschließen des Glases mit einem Trockentuch perfekt gesäubert werden.

DAS IST *wirklich* WICHTIG

[a] TOPINAMBUR-SCHALEN sind hauchdünn. Daher werden sie gebürstet und nicht abgeschält.

[b] ZITRONENSÄURE wird, wie bei Schwarzwurzeln, mit ins Wasser gegeben. Dann werden die Scheiben nicht braun.

[a]

[b]

[c]

[c] DIESE KLEINE KNUSPEREI sollte man frisch zubereitet verschenken. Dann schmeckt sie am allerbesten. Gartenliebhaber freuen sich über ein paar kleine, frische Knöllchen zum Einpflanzen.

TOPINAMBUR-CHIPS

Knabberspaß aus dem Ofen

EINE TOLLE KNOLLE MIT REICHLICHER ERNTE, DIE SO GESUND UND VIELSEITIG IN DER KÜCHE VERWENDBAR IST.

Zutaten für 2 bis 3 Personen

Frittierfett, je nach Größe der Fritteuse	
Zitronensaft einer ½ Zitrone für ¾ l Waschwasser	
Geräuchertes Paprikapulver nach Geschmack	
Salz nach Geschmack	
3 Topinambur-Knollen	

Besonderes Werkzeug

- Fritteuse

So geht's

1. Schöne, glattschalige Topinambur-Knollen werden unter fließendem Wasser gebürstet [→a] und mit einem Sparschäler oder Gemüsehobel hauchdünn in Scheiben geschnitten.
2. Die Scheiben kommen sofort in ein Gefäß mit Zitronenwasser, damit sie nicht braun werden und unappetitlich aussehen [→b].
3. Sind alle Knollen geschnippelt, werden sie aus dem Wasser genommen und mit einem Haushaltstuch gründlich abgetrocknet.
4. Die Fritteuse wird mit dem Fett auf Betriebstemperatur von 180° C gebracht und die trockenen Topinambur-Scheiben darin in wenigen Minuten in kleinen Portionen goldgelb frittiert.
5. Abschließend werden die Chips gesalzen und mit Paprikapulver bestreut.

Die Variante

Topinambur-Chips aus dem Ofen
Topinambur-Chips können auch im Ofen in einer fettfreien Variante „frittiert" werden. Dazu werden die Topinambur, wie links beschrieben (1. bis 3.), vorbereitet. Dann werden sie in eine Schüssel gegeben und mit 2 EL Erdnuss-Öl sowie 1 EL geräuchertem Paprikapulver (alternativ auch normales Paprikapulver) vermengt.
Die rohen Schreiben werden auf einem Backblech mit Backfolie oder Backpapier verteilt und im Heißluftherd bei 200° C gebacken.
Nach einigen Minuten werden die Chips gewendet. Sind beide Seiten knusprig, werden sie abschließend mit Salz bestreut.

Helianthus
tuberosus

TOPINAMBUR
Tolle Knolle mit hübschen Blüten

IM SOMMER ERFREUT SIE UNS MIT SONNIGEN BLÜTEN, IM HERBST MIT BESONDEREN KNOLLEN ZUM VERZEHREN. VON DER KARTOFFEL VERDRÄNGT, ERHÄLT SIE HEUTE WIEDER EINZUG IN UNSERE KÜCHEN.

Topinambur *(Helianthus tuberosus)* erreicht je nach Sorte leicht eine Höhe von 2 bis 3 m. An den Boden stellt Topinambur wenige Ansprüche. Besonders große Knollen wachsen jedoch, wenn der Boden humos, locker und nährstoffreich ist, mit gelegentlich einer extra Portion Kompost.
Vom Herbst bis zum Frühjahr am besten nur für den sofortigen Verzehr ernten, da die Knollen an der Luft nicht lange haltbar sind. Mit ihrer sehr dünnen Schale schrumpeln sie hier schnell.
Wird das Pflanzenbeet vor dem Winter mit einer warmen Strohlage abgedeckt, können die Knollen auch bei gefrorenem Boden ausgegraben werden.

AUS ALT MACH NEU

Alle Knollen, die über den Winter nicht verzehrt wurden, können im nächsten Frühjahr wieder ausgepflanzt werden. Dafür sollten sie jedoch mindestens zwei Augen (Triebknospen) besitzen.
Der Abstand von Reihe zu Reihe sollte dabei nicht geringer als 80 cm bis 1 m sein, der Pflanzabstand in der Reihe kann zwischen 30 und 50 cm betragen. Auch das Anhäufeln der ausgetriebenen Pflanzen, wie man es von der Kartoffel kennt, erhöht den Ertrag.

VERWENDUNG

Das Knollengemüse wird aufgrund der hohen Zuckerkonzentration hauptsächlich für die Verarbeitung zu Fruktose, Sirup, Alkohol und Branntwein angebaut.
Für die eigene Küche ist Topinambur u.a. sehr lecker: roh geraspelt in Salaten, frittiert als Chips, gebraten, püriert als Suppe oder gebacken als Auflauf.
Übrigens haben 100 g Topinambur gerade mal 30 kcal, sättigen jedoch wie eine Menge von 200 g.

SORTEN: VON HELLSCHALIG BIS ROTVIOLETT

Sehr gut schmecken hellschalige Sorten wie 'Topstar' oder 'Bianka'. Sie haben beide gelbe Knollen und sind bereits ab Oktober reif.
Auch die Sorte 'Violo' gehört zu den ertragreichen Sorten. Sie breitet sich nicht so stark aus wie viele andere und bekommt dafür größere Knollen. Rotviolett gefärbt, besitzen sie weiße Augen. Ihr Geschmack ist hervorragend.
Besonders hübsch ist die buschig wachsende, reich blühende Topinambur 'Sonnenstrauß'. Ihre Knollen sind weiß und kegelförmig.

SCHICHT-GELEE
aus Zierpflaumen und Birnen

ZIERPFLAUMEN WERDEN MEIST ZUSAMMEN MIT FRÜHEN BIRNENSORTEN REIF. DIE EINE FRUCHT IST ZIEMLICH SAUER, DIE ANDERE EHER SÜSS. ALS FRUCHTIGER BROTAUFSTRICH IST DIESE KOMBINATION ETWAS GANZ BESONDERES.

Zutaten

3 kg Zierpflaumen
Bis zu 1 kg Gelierzucker 2:1, je nach Saftausbeute
3½ kg Birnen
Bis zu 1 kg Gelierzucker 2:1, je nach Saftausbeute
Saft von 2 Zitronen
100 g Haushaltszucker

Besonderes Werkzeug

- Dampfentsafter
- Kartoffelstampfer

So geht's

1. Zierpflaumen lassen sich kaum vom Stein lösen, darum gewinnt man den Saft mithilfe eines Dampfentsafters. Der Dampfentsafter besteht aus drei Teilen. Zur Dampferzeugung wird Wasser in den unteren flachen Topf des Entsafters gefüllt. Auf diesen wird der Auffangbehälter gesetzt, an dem es eine Auslassöffnung mit Schlauch **[→a]** zum späteren Auffangen des Saftes gibt. In den Auffangbehälter kommt der gelöcherte Fruchtkorb mit den Zierpflaumen, samt Stein und Stiel.
2. Der Apparat wird auf dem Ofen erhitzt, bis die Früchte durch den Wasserdampf platzen. Dann beginnt der Saft herauszufließen **[→a]**. Gegen Ende des Entsaftungsprozesses werden die Früchte noch ein wenig mit einem Kartoffelstampfer gestampft, um die Saftausbeute zu erhöhen.
3. Die aufgefangene Saftmenge muss unbedingt abgemessen werden, um die Gelierzuckermenge genau festzulegen. Für 2 l Saft wird 1 kg Gelierzucker 2:1 benötigt.
4. Mit dem Saft wird nun nach Packungsaufschrift in drei bis vier Minuten ein Gelee gekocht. Man füllt es sofort jeweils bis zur Hälfte in die sauberen Gläser. Das Gelee kann abkühlen.
5. Inzwischen die reifen Birnen in Stücke schneiden und mit etwas Zucker und Zitronensaft zwei bis drei Stunden ziehen lassen.
6. Die Birnen werden dann in den gesäuberten Dampfentsafter gefüllt und ebenso wie die Pflaumen entsaftet.
7. Der Birnensaft wird nun ebenfalls zu einem Gelee aufgekocht (siehe 3. und 4.) und direkt auf das Pflaumen-Gelee gegossen **[→b]**.
8. Abschließend die Gläser mit einem Schraubdeckel verschließen.

[a]

[b]

DAS IST *wirklich* WICHTIG

[a] DER HEISSE WASSERDAMPF im Dampfentsafter lässt die Fruchtzellen platzen, eine Menge Saft tritt heraus. Mit einer praktischen Schlauchklemme kann der Saftfluss bei Bedarf unterbrochen werden.

[b] DIE ERSTE GELEESCHICHT muss abgekühlt und fest sein. Dann erst kann die nächste Schicht aufgefüllt werden. Vor dem Aufkochen der Gelees die Saftmenge immer genau abmessen, damit die Masse auch fest wird.

[c] EIN SÜSS-SAURER FRUCHTGENUSS der besonderen Art. Die Schichten lassen sich, je nach geschmacklichen und optischen Vorlieben, in ihrer Anordnung variieren.

[c]

EBERESCHEN-LATWERGE
aus Apfel und Pflaume

IMMER MEHR MENSCHEN VERARBEITEN INZWISCHEN WIEDER DIE EBERESCHE IN DER KÜCHE. ZU RECHT, DENN SIE IST GEKOCHT NICHT GIFTIG, SONDERN GESUND. MIT ZWEI EINFACHEN TRICKS, LÄSST SICH EIN AUSGEFALLENES MUS ZAUBERN.

Zutaten

- 200 g Ebereschen
- 2 kg Äpfel
- 2 kg Pflaumen
- 800 g Zucker

Besonderes Werkzeug

- Dampfentsafter
- Fettpfanne

So geht's

1. Die Ebereschenbeeren werden im Herbst ein bis zwei Wochen vor den Äpfeln und Pflaumen geerntet **[→a]** und ins Gefrierfach gegeben. So verlieren sie etwas von ihren Bitterstoffen. Am Tag der Pflaumen- und Apfelernte nimmt man sie wieder heraus.
2. Die gesäuberten Pflaumen werden entsteint und geviertelt, die gewaschenen Äpfel in Stücke geschnitten und zusammen mit Zucker und den Ebereschen in einen Topf gegeben. Gut miteinander vermengt, müssen die Früchte drei bis vier Stunden Saft ziehen.
3. Erst dann wird langsam das Obst im Topf unter ständigem Rühren eine halbe Stunde aufgekocht.
4. Für diese kleinen Mengen empfehle ich, die Masse bis zur perfekten Eindickung im Backofen auf drei Fettpfannen zu verteilen. Durch die große Oberfläche ist das Mus bei 120° C in etwa drei Stunden ohne Rühren meist fest genug.
5. Anschließend wird das fertige Mus heiß in Gläser gefüllt und mit Schraubdeckeln verschlossen.

FALLEN IM GARTEN EINMAL SEHR GROSSE FRUCHTMENGEN AN, dann lade ich gerne meine Freundinnen zum gemeinsamen Kaffeeklatsch mit „Musen" ein. Denn große Mengen lassen sich nicht mehr im Backofen einreduzieren. Dafür braucht man schon einen großen Topf und viele Hände, die abwechselnd in dem Kessel herumrühren, damit das ganze Latwerge nicht anbrennt. Und jeder bekommt gleich sein Geschenk mit nach Hause.

[a]

[b]

DAS IST *wirklich* WICHTIG

[a] LEUCHTEND ROTE EBERESCHEN werden gerne von Vögeln verzehrt. Deshalb nennt man sie auch Vogelbeeren. Gekocht sind die Beeren ungiftig, im Gefrierfach verlieren sie etwas ihre Bitterstoffe.

[b] EIN LATWERGE IST EIN MUS aus verschiedenen Früchten. Feste Regeln gibt es keine – allerdings hat meine Oma früher nie Zucker verwendet. Die Fruchtzuckerkonzentration entsteht durch das Einreduzieren.

ARONIA-SAFT
mit Blutpflaume

EINE PERFEKTE KOMBINATION SIND BLUTPFLAUMEN UND ARONIA (APFELBEEREN). DIE BLUTPFLAUMEN BEGINNEN MITTE AUGUST ZU REIFEN, GENAU DANN, WENN DIE ERSTEN ARONIA ERNTEREIF SIND.

Zutaten

3 kg Blutpflaumen
1 kg Aronia
Zucker nach Geschmack

Besonderes Werkzeug
- Dampfentsafter

So geht's

1. Die Apfelbeeren sind erntereif, wenn sie im Innern eine tief rotviolette Farbe angenommen haben. Dann hat sich der intensive rote Farbstoff (Anthocyan) richtig ausgebildet, der den Aronia-Saft so wertvoll macht.
2. Zur Herstellung dieses Saftes eignet sich wieder der Dampfentsafter besonders gut.
   Dazu füllt man in den unteren Topf das Leitungswasser zur Dampferzeugung, setzt den Saftauffangbehälter mit dem Abflussschlauch darauf und abschließend den Fruchtkorb mit den Früchten [→a] sowie den Deckel (siehe auch Seite 94, 2. und 3.).
3. Auf dem Ofen wird das Wasser im Entsafter zum Kochen gebracht, der heiße Wasserdampf bringt die Früchte zum Platzen. Nach einiger Zeit tritt dann über den Schlauch der Saft aus und wird aufgefangen [→b].
4. Möchte man puren Saft herstellen, wird er sofort in die Flaschen gefüllt und verschlossen.
   Stellen Sie die Flaschen kurz auf den Kopf und wieder zurück. So entsteht ein leichter Unterdruck und die Flaschen sind dicht.
5. Wer den Saft etwas nachsüßen möchte, kocht ihn mit Zucker (Menge nach Geschmack) noch mal kurz auf und füllt ihn erst dann heiß in die Flaschen ab. Diese kurz auf den Kopf zum Abdichten stellen.

Der Aronia-Saft ist ein kräftig sauer aromatisches Getränk, das in verdünnter Form sehr erfrischend und besonders gesund ist.

AUS 1 KG ARONIA **kann man 320 g Anthocyan gewinnen, ein großartiger Farbstoff, nicht nur zum Kochen. Er eignet sich auch zum Färben von Wolle und Stoffen.**

[a]

[b]

DAS IST *wirklich* WICHTIG

[a] DER FRUCHTKORB des Dampfentsafters kann bis zum Rand befüllt werden. Die Blutpflaumen passen also noch gut oben auf die reifen, fast schwarzen Apfelbeeren. Kleine Stängel stören beim Entsaften nicht.

[b] DER SAFT fließt mit einer Temperatur von über 85° C in die Flasche, die bis zum Rand befüllt werden muss. Fest verschlossen, wird die Flasche kurz auf den Kopf gestellt.

[c] WER ES SÜSSER MAG, kann den gewonnenen Saft mit etwas Zucker aufkochen und erst dann abfüllen. Ein Geschenk mit vielen Vitaminen!

[c]

APFEL-NASHI-WEIN

Liebliche Harmonie

WER NOCH KEIN FAN VON ECHTEM, RASSIGEM APFEL-WEIN IST, WIRD DIE KOMBINATION MIT DER FAST SÄUREFREIEN NASHI MÖGEN. SIE STAMMT URSPRÜNGLICH AUS CHINA UND WIRD AUCH APFEL-BIRNE ODER CHINESISCHE BIRNE GENANNT.

Zutaten

- 2 g Kitzinger Hefenährsalz
- ½ l Apfelsaft
- 7 kg Äpfel
- 3 kg Nashi
- 1 Kultur Kitzinger Reinzuchthefe Steinberg

Besonderes Werkzeug

- Obstmühle
- 10-l-Gärballon mit Gäraufsatz
- Weinheber

So geht's

1. Drei bis vier Tage vor der Weinherstellung gibt man einen ½ l frisch gepressten Apfelsaft in eine klare Flasche (mindestens mit 1 l Fassungsvermögen) und schüttet die Reinzuchthefe darauf. Der Flaschenhals wird mit einem Wattebausch verschlossen.
2. Die Flasche wird nun an einen warmen Ort bei etwa 20 bis 25° C gestellt. Steigt kräftiger Schaum auf, kann die Starterkultur verwendet werden (ca. nach drei bis fünf Tagen).
3. Jetzt wird die Obsternte gewaschen und zerkleinert. Mit einer Obstmühle geht das am besten, daraus lassen sich nun maximal 7 l Saft gewinnen.
4. Der gepresste, gefilterte Fruchtsaft (man lässt den Saft über ein Passiertuch laufen und fängt ihn auf) wird in den Gärballon gefüllt und sofort mit der Starterkultur (siehe 2.) versetzt. Zusätzlich gibt man Hefenährsalz dazu, um ein Stocken in der Gärphase zu verhindern. So können sich Fremdhefen und Pilze nicht ausbreiten.
5. Der Ballon wird mit dem Gäraufsatz verschlossen, der zuvor mit Wasser aufgefüllt wurde (siehe Seite 42/43). So kann das entstehende Kohlendioxid entweichen.
   Die ideale Gärtemperatur für dieses niederprozentige Getränk (6 bis 7 %) liegt zwischen 10 und 15° C.
6. Spätestens nach vier Wochen wird der Wein von den Trübstoffen und der Hefe, die sich am Boden befindet, abgezogen. Das geht am besten mit einem Weinheber. Dadurch vermeidet man, dass der Bodensatz aufgewühlt wird, denn Rückstoffe verringern die Haltbarkeit des Weins.

DER WEIN KANN KÜHL GELAGERT **bis zum Frühjahr aufgebraucht werden. Auf Trübstoffe achten und gegebenenfalls herausfiltern.**

DAS IST *wirklich* WICHTIG

[a] EIN ANGENEHMES MISCHUNGSVERHÄLTNIS von Fruchtzucker und Säure entsteht, wenn man unter den Apfelsaft etwas Nashisaft mischt, denn die Nashifrüchte schmecken sehr süß. Statt Nashi können Birnen verwendet werden.

[a]

WILDOBST-LIKÖR
mit Sanddorn und Hagebutte

DER LIKÖR IST EINE WAHRE VITAMINBOMBE. DIE ORANGEFARBENEN BEEREN DES SANDDORNS ENTHALTEN ETWA SIEBENMAL SO VIEL VITAMIN C WIE DIE ZITRONE. DAHER BEUGT DER LIKÖR IN KLEINEN DOSIERUNGEN AUCH ERKÄLTUNGEN VOR.

Zutaten für 1½ l

- 1 Tasse Sanddorn
- 1 Tasse Hagebutten
- ½ Tasse Brombeeren
- 1 Zweig Agastache oder Indianernessel
- 1½ Tassen brauner Kandiszucker
- 1½ l Doppelkorn

So geht's

1. Um den Likör anzusetzen, verwendet man am besten ein hübsches Gefäß, vorzugsweise mit weitem Hals. Es lässt sich gut reinigen und kann später leicht entleert werden.
2. Die Früchte von Sanddorn und Brombeeren werden gewaschen und gut gesäubert in die Flasche gegeben. Die Hagebutten müssen halbiert und unter fließendem Wasser von Samen und Härchen befreit werden. Man kann sie aber auch im Ganzen verwenden.
3. Der Schnaps und Kandis werden über die Früchte gegeben, zum Schluss legt man den Gewürzzweig in den Ansatz.
4. Das Gefäß wird nun gut verschlossen, damit, wenn möglich, der Ansatz täglich gut durchgeschüttelt werden kann. Der Zucker löst sich dabei besser auf. Bei Zimmertemperatur reift der Likör innerhalb von zwei bis drei Monaten bis Weihnachten gut aus.
5. Die Beeren können in der Flasche bleiben. Sie sehen beim Servieren in die Gläser besonders hübsch aus und schmecken sehr aromatisch.
   Wer den Likör lieber gefiltert mag, kann beim Ansatz auf das Auspulen der Hagebuttensamen und Härchen verzichten.

BEI DEN MEISTEN SANDDORNSORTEN **lassen sich die Früchte nur schwer ernten, weil sie beim Zupfen bereits zerplatzen und der kostbare Saft verloren geht. Daher am besten die vollen Fruchttriebe vom Strauch abschneiden und die Zweige über Nacht einfrieren. Gefrostet lassen sich die Beeren dann mühelos abklopfen.**
So werden nebenbei die Sträucher kleiner gehalten und ein Ernteturnus von zwei Jahren stellt sich ein.

DAS IST *wirklich* WICHTIG

[a] SO BUNT UND FARBENFROH sieht der frisch angesetzte Likör einfach toll aus. Seinen guten Geschmack, das Aroma der Wildfrüchte und eine kräftig rote Farbe, bekommt er aber erst nach zwei bis drei Monaten.

[a]

SCHOKOLADE *mit Dörrfrüchten*

DOPPELTE VERFÜHRUNG! SÜSSE BEEREN, ÄPFEL UND KIRSCHEN WERDEN MIT FEINER SCHOKOLADE ÜBERZOGEN. OB WEISSE ODER DUNKLE KUVERTÜRE ODER GAR GEMISCHT, HIER ISST AUCH DAS AUGE MIT.

Zutaten

- 400 g Weiße-, Vollmilch- oder Zartbitter-Kuvertüre nach persönlicher Vorliebe
- 50 g Kokosfett
- Getrocknete Äpfel, Birnen, Pflaumen, Kirschen, Aronia, Berberitzen usw.

So geht's

1. In einem Topf erwärmt man Wasser und stellt ein kleineres, hitzebeständiges Gefäß für die Kuvertüre hinein. In diesem Wasserbad wird bei milder Hitze die Schokolade mit zwei Würfelchen Kokosfett aufgelöst [→a]. Das Kokosfett macht die Schokolade geschmeidiger und fließender. So bleibt der Schokoladenanteil bei diesem Konfekt geringer.
2. Die in Streifen geschnittenen Trockenfrüchte werden nun bunt gemischt und mit den ganzen Berberitzen- und Aroniabeeren vermengt.
   Mit den Fingern formt man die etwas klebrigen Früchte zu kleinen Häufchen und tunkt sie mithilfe einer Gabel in die Schokolade [→b].
3. Zum Trocknen gibt man die Fruchtberge auf Backpapier oder mit Öl bepinselte Alufolie.

Es sieht besonders appetitlich aus, wenn einige bunte Fruchtstreifen sichtbar bleiben und nicht völlig mit Schokolade überzogen werden.
Um zusätzlich Abwechslung in das Naschwerk zu zaubern, kann man mit unterschiedlichen Schokoladensorten arbeiten.

MAN KANN DIE TROCKENFRÜCHTE auch im Ganzen oder scheibenweise mit Schokolade überziehen und anschließend mit bunten Zuckerfarben oder Zuckerperlen dekorieren. Kinder mögen es gerne bunt.

[a]

[b]

DAS IST *wirklich* WICHTIG

[a] DIE SCHOKOLADE darf nur im Wasserbad erhitzt werden. Ein Erwärmen in einem Topf direkt auf der Herdplatte würde die Schokolade zu heiß werden lassen und die Qualität stark vermindern.

[b] DIE KLEINEN FRUCHTBERGE werden mithilfe einer Gabel in die heiße, geschmolzene Schokolade eingetaucht und zum Trocknen auf ein Backpapier gelegt.

[c]

[c] FRISCHE FRÜCHTE mit Schokolade überzogen, müssen in wenigen Tagen verzehrt werden. Trockenfrüchte in Schokolade halten dagegen sehr lange. In kleinen Pralinenkapseln lassen sich die Fruchtberge appetitlich anrichten.

HAUSWURZ

Robuste Schönheit mit Heilkräften

DIE ETWA 2.000 JAHRE ALTE HAUSWURZ WIRD IMMER BELIEBTER. LANGSAM ERKENNEN WIR WIEDER IHRE SCHÖNHEIT, IHRE ROBUSTHEIT UND IHRE VIELEN EINSATZMÖGLICHKEITEN.

In meinem Alpinum habe ich der Hauswurz ein eigenes Refugium zugestanden. Dort beobachte ich, wie sie sich vom Frühjahr über den Sommer bis hin zum Herbst und Winter ständig verändert und große Polster bildet.

ANBAU UND PFLEGE IM GARTEN

Hauswurze lieben einen Standort in voller Sonne, was dem herrlichen Farbspiel der fleischigen Blattrosetten besonders zugute kommt. Staunässe sollte man möglichst vermeiden, im Freien kann ganz auf das Gießen verzichtet werden. Denn wie ein Kaktus, speichern auch Hauswurze in den dicken Blättern das Wasser. Daher eignen sie sich hervorragend für flache Schalen oder Tröge, vorausgesetzt natürlich, das Gefäß hat einen Wasserabfluss.
Die modernen Hybridformen, mit besonders großen Rosetten, sind für eine leichte Düngung mit Hornspänen dankbar. In Folge bilden sie überdimensionale Pflanzenrosetten aus, mit bis zu 30 cm Durchmesser.
Wer jedoch über einen Standort mit Kalksandstein verfügt, braucht diese Zusatzdüngung in der Regel nicht, die natürliche Nährstoffversorgung über das Gestein reicht dann völlig aus – in meinem Alpinum im Garten gedeihen auf diese Weise die Hauswurze seit vielen Jahren. Nur als kleine Starthilfe sollte bei der Pflanzung etwas humushaltige Erde mit ins Pflanzloch gegeben werden. Hauswurze gelten insgesamt als besonders genügsame Pflanzenvertreter.

KLEINE PFLANZENAPOTHEKE

Für mich zählt die Hauswurz zu den wichtigsten „Erste-Hilfe"-Pflanzen überhaupt. Aus der reichen Sortenvielfalt eignen sich besonders solche mit fleischigen Blättern.
Bei einem leichten Sonnenbrand hilft das kühlende Gel, das aus den dicken, aufgeschnittenen Blättern gepresst wird. Sehr langsam verdunstet dieses Gel auf der Haut, entzieht dabei Wärme und kühlt den verbrannten Bereich spürbar.
Die gleiche Wirkung erzielt man bei Schürfwunden und Insektenstichen. Durch das Auftragen auf die verletzte Stelle wird das Brennen gelindert und die Kühlung wirkt sehr wohltuend.
Daher sind dickfleischige Hauswurze eine echte heimische Alternative zur Aloe.

HAUSWURZ-SALBE

Heimischer Ersatz für Aloe

PUSTELN VON EINER BRENNNESSEL, EIN LEICHTER SONNENBRAND ODER SCHÜRFWUNDEN, EIN KLEINES DÖSCHEN MIT HAUSWURZ-SALBE IM HAUS VERSCHAFFT SCHNELL LINDERUNG UND IST LEICHT HERGESTELLT.

Zutaten

- 8 Hauswurzblätter
- 40 ml Traubenkern-Öl oder Oliven-Öl
- 40 ml Jojoba-Öl oder Oliven-Öl
- 4 g Bienenwachs
- 6 g Kakaobutter
- 5 Tropfen Lavendel-Öl

Besonderes Werkzeug

- Leinentuch
- Salbentiegel
- Haushaltswaage

So geht's

1. Von mehreren Pflanzen werden insgesamt acht fleischige Blätter abgezupft und gesäubert. Mit einem Messer werden sie in grobe Streifen [→a] geschnitten.
2. Die Pflanzenstreifen gibt man nun in einen kleinen Topf. Zusammen mit den Ölen (außer Lavendel-Öl) werden sie 20 Minuten bei geringster Hitze und unter ständigem Rühren aufgekocht [→b]. Beginnt zwischendurch der Inhalt stark zu schäumen, wird der Topf kurz vom Herd genommen.
3. Nun werden die Pflanzenstücke durch ein Leinentuch abgegossen [→c]. Das Öl gibt man wieder zurück in den Topf.
4. Die festen Fette (Kakaobutter und Bienenwachs) werden zum Stabilisieren der Salbe dem Öl im Topf zugefügt. Zum Schluss kommt noch das pflegende Lavendel-Öl dazu.
5. Um die Festigkeit der späteren Salbe zu prüfen, wird ein Tropfen dieser Mischung auf einen kalten Teller gegeben. Bleibt der Tropfen zu dünn, fügt man noch etwas Bienenwachs oder Kakaobutter hinzu. Wirkt die Salbe zu fest, wird mit Öl verdünnt (die Konsistenz ist ähnlich der von Lippenbalsam).
6. Nach dieser Probe wird die Salbe in einen Tiegel gefüllt und nach dem Erkalten verschlossen.

EIN WESPENSTICH ODER EIN LEICHTER SONNENBRAND **kann auch direkt mit dem kühlenden Gel der Hauswurzpflanze gemildert werden. Dazu bricht man ein frisches Hauswurzblatt auseinander und drückt das austretende Gel auf die brennende Stelle. Dieses natürliche Gel kühlt umgehend die schmerzende Stelle.**

[a]

[b]

[c]

[d]

DAS IST *wirklich* WICHTIG

[a] ES WERDEN IMMER NUR einige fleischige Blätter, je nach Größe der Pflanze, abgezupft und in Streifen geschnitten. Bereits beim Anschneiden tritt ein kühlendes Gel heraus.

[b] DAS KOCHEN IN ÖL löst die Wirkstoffe aus den Pflanzenteilen. Diese werden vom Fett aufgenommen.

[c] DAS SAUBERE, GEHALTVOLLE ÖL wird nach dem Abfiltern mithilfe fester Fette in eine cremige, geschmeidige Konsistenz überführt – ganz nach dem eigenen Empfinden.

[d] HAT DIE SALBE DIE RICHTIGE KONSISTENZ – ähnlich wie Lippenbalsam – wird sie in Tiegel abgefüllt und nach dem Erkalten verschlossen.

RINGELBLUMEN-SEIFE

Sanfte Pflege für die Haut

SEIFENSIEDEN KANN SICH ZU EINEM TOLLEN HOBBY ENTWICKELN. ERLERNEN KANN ES JEDER UND WER DEN DREH EINMAL HERAUS HAT, WIRD SÜCHTIG DANACH.

Zutaten

– müssen genau abgewogen werden –

- 500 g Frittierfett
- 150 g Kokosfett
- 100 g Kakaobutter
- 150 g Raps-Öl
- 100 g Oliven-Öl
- 350 g Wasser
- 135 g Natronlauge (stark ätzend)
- Maximal 40 g getrocknete Ringelblumenblüten
- 8 Tropfen ätherisches Zitronen-Öl

Besonderes Werkzeug

- Ausrangierte Küchengeräte wie Kochtopf, Schneebesen, großer, hitzebeständiger Messbecher, Plastikform o. Ä. als Seifenform, Schutzbrille, säurefeste Gummihandschuhe, Thermometer, Decke oder mehrere Bettlaken

So geht's

1. Die festen Fette (inklusive Butter) werden im Topf langsam geschmolzen. Dann rührt man die flüssigen Fette ein. Die Endtemperatur muss zwischen 40 und 50° C liegen, nicht höher!
2. Die kritische Phase wird am besten draußen im Freien gerührt: Die Natronlauge wird vorsichtig unter ständigem Rühren mit leicht abgewandtem Gesicht in das Wasser gerührt. Das entstehende explosionsgefährliche Knallgas darf nicht eingeatmet werden, daher ist die Windrichtung wichtig. Die gelöste Lauge muss nun auf die gleiche Temperatur abkühlen wie das Fett.
3. Jetzt beginnt das Seifensieden. Dazu wird die Lauge langsam unter die Fette gearbeitet. Man rührt solange, bis die Masse dick wie Pudding ist.
   In dieser Phase werden auch die zerkleinerten Blüten und das Zitronen-Öl untergemischt. Die Masse ist in dieser Phase noch stark ätzend.
4. Die Masse wird in saubere Formen gegossen, mit Folie abgedeckt und in eine Decke gewickelt. In den ersten 24 Stunden sollte die Seife nicht zu stark auskühlen.
5. Nun wird die Seife ausgeformt, d. h. aus der Form herausgelöst, und in Stücke geschnitten.

Die Seifen müssen mindestens drei Monate an der Luft nachreifen. Je älter sie sind, umso cremiger wird der Seifenschaum.

KLEINKINDER UND HAUSTIERE sollten auf keinen Fall in der Nähe sein. Während der Arbeit müssen Schutzbrille, Gummihandschuhe und alte Kleidung getragen werden. Eine Lauge ist genauso ätzend wie eine Säure. Das verwendete Geschirr ist danach für die Küche tabu.

DAS IST *wirklich* WICHTIG

[a] DIE NATRONLAUGE im Freien einrühren und alte Kleidung, Gummihandschuhe sowie Schutzbrille tragen.

[a]

WINTER

Geschenke zum Verwöhnen

DAS GARTENJAHR WIRD SINNLICH. DIE ERNTE IST EINGEBRACHT UND DARF VEREDELT WERDEN. VIELE FRÜCHTE WERDEN JETZT ERST GENUSSREIF, ALLERLEI DÜFTE KÖNNEN MIT INS HAUS GEBRACHT UND IN BEZAUBERNDE GESCHENKE VERWANDELT WERDEN. EINE ZIMTERLEN-SEIFE ODER EIN AHORN-ZITRONEN-GELEE SIND BESONDERE PRÄSENTE FÜR BESONDERE ANLÄSSE.

ZIMTERLEN-SEIFE

Edler Blütenduft für den Winter

EINE IDEALE BLÜTENSEIFE FÜR DAS WINTERHALBJAHR IST DIESE KOMBINATION AUS GETROCKNETEN BLÜTEN DER ZIMTERLE MIT FRISCHEM ZITRUSAROMA. DIE ZIMTERLE IST EINE BERÜHMTE DUFTPFLANZE FÜR SEIFEN.

Zutaten

- 500 g Frittierfett
- 250 g Kokosfett
- 150 g Raps-Öl
- 100 g Oliven-Öl
- 141 g Natronlauge (stark ätzend)
- 350 ml Zimterlen-Tee aus 2 EL getrockneten Zimterlenblüten
- 3 EL getrocknete Zimterlenblüten
- 5 Tropfen Zitronen-Öl

Besondere Werkzeuge

- Ausrangierte Küchengeräte wie Kochtopf, Schneebesen, großer, hitzebeständiger Messbecher, Plastikform o. Ä. als Seifenform, Schutzbrille, säurefeste Gummihandschuhe, Thermometer, Decke

So geht's

1. Auch für diese Seife gelten alle Schutzvorkehrungen wie zur Herstellung der Ringelblumen-Seife (Seite 110). Es wird grammgenau abgewogen.
2. Die Fette in einem kleinen Topf auf dem Herd langsam schmelzen. Endtemperatur 40 bis 50° C.
3. Die Natronlauge wird in einen vorbereiteten, kalten Tee gerührt (Zimterlenblüten im August geerntet, bei 70° C im Heißluftherd getrocknet, luftdicht und dunkel gelagert), wieder am besten an der frischen Luft.
   Fette und Lauge sollten die gleiche Temperatur haben, etwa 40° C.
4. Dann wird die Lauge in die Fettmischung geschüttet und so lange gerührt, bis das Gemenge wie Pudding aussieht.
   Anschließend kommen die getrockneten Blüten hinzu sowie das Zitronen-Öl.
5. Die Masse wird in die gewünschten Formen abgefüllt, mit Folie bedeckt und in Tücher gewickelt. Dann ruht die Seife wieder 24 Stunden.
6. Ausgeformt und in Stücke geschnitten, reift die Seife an der Luft noch einige Wochen nach.

In einem Blumenbett, beispielsweise aus Winter-Schneeball, nimmt die fertige Seife weitere ätherische Öle in sich auf.

AUS DIESER BLÜTENSEIFE lässt sich im Handumdrehen eine richtige Gärtnerseife herstellen. Dazu wird den getrockneten Blüten ein guter Esslöffel voll Mohnsamen beigemischt, die man vom Klatsch-Mohn erntet.
Die Seife reinigt so stark verschmutzte Hände, da die Samen für den nötigen Peelingeffekt sorgen.

DAS IST *wirklich* WICHTIG

[a] ZIMTERLEN sind berühmt für die Seifenherstellung. Werden die geltenden Schutzvorkehrungen eingehalten, kann nach 24 Stunden diese winterliche Blütenduft-Seife ausgeformt und verschenkt werden.

[a]

MASSAGE-ÖL

Wohlfühlen und entspannen

DAS ÖL AUS WACHOLDER, DOUGLASIE UND LAVENDEL EIGNET SICH MIT SEINEN WÄRMENDEN UND DURCHBLUTUNGSFÖRDERNDEN EIGENSCHAFTEN HERVORRAGEND FÜR ENTSPANNUNGSMASSAGEN.

Zutaten

- ½ l Distel-Öl
- 20 g Zweigspitzen vom Wacholder
- 20 g Zweigspitzen der Douglasie
- 10 g Lavendelblüten (getrocknet), alternativ frische Pfefferminzeblätter

Besonderes Werkzeug

- Schraubglas

So geht's

1. Die frischen Zweige werden mit der Gartenschere etwas zerkleinert. Sie sollten so trocken wie möglich verarbeitet werden. Gerät Wasser mit ins Öl, kann es zu Schimmelbildung kommen. Dies ist unbedingt zu vermeiden.
2. Zusammen mit den getrockneten Lavendelblüten oder der Minzeblättchen werden die Zweiglein nun in ein Schraubglas gefüllt.
3. Man füllt das Gefäß mit dem Öl auf (bei empfindlicher Haut ist Mandel-Öl, Distel-Öl oder Jojoba-Öl als Basisfett sehr angenehm) und stellt es verschlossen an einen warmen Ort – Lichtverhältnisse müssen nicht berücksichtigt werden, sie haben kaum Einfluss auf den Inhalt.
4. Nach etwa drei Wochen wird das Öl durch ein sauberes Baumwolltuch gefiltert und die Rückstände kräftig ausgepresst. Dann wird das Massage-Öl in eine dunkle Flasche abgefüllt (oder in einen dunklen Schrank gestellt) und kühl aufbewahrt.

WACHOLDER VERBESSERT DIE DURCHBLUTUNG, löst Verspannungen und kann gegen heftigen Muskelkater vorbeugen. Wacholder-Öl wirkt pflegend auf der Haut.
DOUGLASIE HAT EINEN HERRLICHEN, FEINEN, WÄRMENDEN DUFT. Tannen-Öle werden gerne bei Rheuma und Verstauchungen verwendet.
LAVENDEL GIBT DEM ÖL EIN UNVERGLEICHLICHES AROMA – das tut allein schon der Seele gut. Er wirkt daher stimmungsaufhellend und entspannend. Lavendel lindert zudem Hautbeschwerden und wirkt antiseptisch. Wer kein Freund von Lavendel ist, kann ihn einfach gegen Minze austauschen. Diese hat eine befreiende Wirkung auf die Atemwege.

[a]

DAS IST *wirklich* WICHTIG

[a] FETT ist ein sehr guter Aromaträger, der die intensiven Duftstoffe (ätherische Öle) der Nadelgehölze aufnimmt. Auch wenn die Nadeln abgefiltert sind, bleibt der Duft im Öl.

WOHLFÜHL-TINKTUR *mit Balsampappel*

DIE SCHMERZSTILLENDE, ENTZÜNDUNGSHEMMENDE UND FIEBERSENKENDE EIGENSCHAFT DER BALSAMPAPPEL ÄHNELT DEM ASPIRIN. IN DIESER TINKTUR WERDEN DIE WERTVOLLEN INHALTSSTOFFE BEWAHRT.

Zutaten

- 1 Teil Balsampappelknospen
- 4 Teile Doppelkorn

Besonderes Werkzeug

- Gummihandschuhe
- Schraubglas

So geht's

1. Die klebrigen Knospen der Balsampappel werden mit Gummihandschuhen von den Zweigen gezupft. Die Handschuhe färben sich schnell braun.
2. Dann wird das Pflanzenmaterial in ein Schraubglas gefüllt und mit Alkohol übergossen.
3. Der Ansatz wird an einen warmen Fensterplatz gestellt. Hin und wieder schüttelt man ihn gut.
4. Nach zwei Wochen kann bereits die fertige Tinktur durch ein Baumwoll- oder Geschirrtuch gefiltert werden. In einem dunklen Gefäß (oder dunklen Schrank) lässt sie sich bis zur nächsten Saison aufbewahren.

DIE BALSAMPAPPEL WIRD JÄHRLICH ZURÜCKGESCHNITTEN. Dabei fällt regelmäßig eine große Portion Schnittgut mit ebenso vielen Knospen an. Ihr Duft erinnert an Propolis (Bienenharz) und enthält ähnliche, antibakterielle Inhaltsstoffe. Nicht umsonst kitten Bienen mit dem austretenden Harz ihre Bienenstöcke und schützen sie so vor Pilzen und Infektionen. **MIT DIESER TINKTUR LÄSST SICH SCHNELL** eine entzündungshemmende Salbe zubereiten (siehe Seite 108/109) oder ein Zusatz für Bäder sowie Umschläge gegen Verstauchungen, Rheuma oder Nervenschmerzen.

DAS IST *wirklich* WICHTIG

[a] IN ETWA ZWEI WOCHEN setzen sich die Knospen am Boden des Fläschchens ab und die Tinktur wird dunkler. Regelmäßiges Schütteln nicht vergessen.

DIE TINKTUR DUNKEL LAGERN, UM DIE INHALTSSTOFFE ZU BEWAHREN

[a]

FÄRBEN MIT PFLANZEN

Leuchtendes Gelb aus Berberitzen

DIE BERBERITZE SOLLTE IN KEINEM GARTEN FEHLEN. SIE IST EINE DER VIELSEITIGSTEN UND HÜBSCHESTEN PFLANZEN, TROTZ DORNEN. DIE GEWÖHNLICHE BERBERITZE TRÄGT AUCH DEN NAMEN „GELBHOLZ".

Zutaten für ein kleines Glas

Einen alten, dicken Ast der Gewöhnlichen Berberitze *(Berberis vulgaris)*

Besonderes Werkzeug

- Handschuhe
- Säge und scharfes Gartenmesser
- Mörser oder Mixer

So geht's

1. Um an den gelben Farbstoff zu gelangen, nutzt man den Pflanzenschnitt im Winter. Geschützt mit dicken, alten Lederhandschuhen, wird der älteste und stärkste Ast der Pflanze am Stamm abgeschnitten. Dies fördert nebenbei den Neuaustrieb der Pflanze.
2. Mit einem Seitenschneider lassen sich die sehr harten, dünnen Dornen entfernen. So ist ein schmerzfreies Arbeiten möglich. Wer keinen Seitenschneider zur Verfügung hat, kann auch auf ein einfaches, scharfes Messer zurückgreifen **[→a]**.
3. Der Ast wird nun in 30 cm lange Stücke gesägt. Von diesen handlichen Ästen kann jetzt mit einem kleinen Messer die obere, dünne Borke abgelöst werden **[→b]**. Geerntet wird die darunterliegende, leuchtend gelbe Kambiumschicht, indem man sie herausgeschält.
4. Die gelben Holzspäne werden anschließend im leicht offenen Backofen bei 60° C etwa vier Stunden oder auf einer warmen Heizung bei Zimmertemperatur einige Tage getrocknet **[→c]**.
5. Danach werden die Späne im Mixer zerkleinert und das Pulver zum Verschenken in Gläser oder Dosen abgefüllt **[→d]**.

UM MIT DEM PULVER SPÄTER ZU FÄRBEN, wird ein gelber Sud gekocht (etwa 2 EL auf ½ l Wasser, je nach gewünschter Farbintensität fünf bis zehn Minuten). In den warmen Sud werden die Produkte hineingeben. Ob Baumwolle, Wolle, Seide oder Ostereier, mit Berberitze färbt man giftfrei.
Damit Stoffe die Farbe annehmen, müssen sie frei von Appretur sein und sollten vorher gewaschen werden.
Eier reibt man zuvor mit Essig und einem Lappen ab, damit die Farbe besser hält.

[a]

[b]

[c]

DAS IST *wirklich* WICHTIG

[a] DIE BERBERITZE wehrt sich wie ein Kaktus vor Zugriffen. Daher sollten die Dornen aufgrund der Verletzungsgefahr vor der Weiterverarbeitung entfernt werden.

[b] JE GRÜNDLICHER die borkige Rinde mit ihren braunen und grünen Farbstoffen entfernt wird, umso klarer wird das Gelb beim Färben. Grünreste erzeugen einen Ockerfarbton.

[c] DURCH DIE GELBE KAMBIUMSCHICHT gelangt der Saftstrom bis in die letzte Zweigspitze der Pflanze. Die feuchte, ausgelöste Schicht muss daher nach dem Ernten getrocknet werden.

[d] ZU PULVER GEMAHLEN, lösen sich die Pigmente später beim Kochen schneller aus den Holzfasern heraus. Erstaunlich, was diese Pflanze zu bieten hat.

[d]

KNUSPER-RIEGEL
aus Nüssen

ADVENT OHNE NÜSSE IST UNDENKBAR. SIE BEI KERZENSCHEIN UND GLÜHWEIN ZU KNACKEN IST KEINE ARBEIT, SONDERN ENTSPANNUNG. UND GANZ BESONDERS, WENN MAN TOLLE KNABBERGESCHENKE HERSTELLEN KANN.

Zutaten für 1 großes Blech

- ¾ l Wasser
- 1 kg Zucker
- 1 kg gemischte Nüsse und Samen, z. B. Mandeln, Walnüsse, Haselnüsse, Erdnüsse, Sonnenblumenkerne, Sesamsaat, Kokosnussraspel, Samen von Jungfer im Grünen, auch gequetschte Getreidesamen passen gut

Besonderes Werkzeug

- Thermometer

So geht's

1. Aus Wasser und Zucker wird ein Zuckerwasser angesetzt, das man so lange kocht, bis die Temperatur der Lösung etwa 130° C erreicht hat.
2. Die Nussmischung stellt man je nach Geschmacksvorlieben zusammen. Bei meiner ganz persönlichen Lieblingsmischung achte ich darauf, dass beispielsweise die Haselnüsse gehackt sind. Die Walnüsse lasse ich gern mal in größeren Stücken dabei. Man kann sie sehr leicht beißen. Von den Mandeln zerkleinere ich einen Teil. Kleine Samen oder Haferflocken füllen gut die Lücken.
3. Die jeweilige Nussmischung wird nun langsam in den Topf gegeben [→a]. Hierbei ist Vorsicht geboten, da die Flüssigkeit im Topf sehr heiß ist und schon kleine Spritzer auf der Haut wehtun können.
4. Mit einem Schaumlöffel wird die Nussmasse wieder aus dem Zucker geschöpft und dünn auf ein mit Backpapier belegtes Backblech gestrichen [→b].
5. Im leicht geöffneten Backofen wird die Masse etwa zehn Minuten bei 80° C (Heißluft) getrocknet.
6. Mit einem großen Messer schneidet man die noch heiße Masse in Riegelform [→c].

DAS IST *wirklich* WICHTIG

[a] GANZ VORSICHTIG werden die Nüsse in die heiße Zuckerlösung geschüttet. Die heißen Zuckerspritzer können auf der Haut sehr schmerzhaft sein.

[b] MIT DEM SCHAUMLÖFFEL wird die Zucker-Nuss-Masse nach und nach aus dem Topf geholt. Die überschüssige Zuckerlösung lässt man über dem Topf kurz abtropfen.

[c] DIE NUSSPLATTE wird noch heiß in Riegelform geschnitten. Die Trocknung im Backofen bewirkt, dass die Zuckerhülle knusprig, aber nicht zu hart wird.

[d] EIN RIESIGER KNABBERSPASS, den man möglichst frisch verschenken sollte. Mit einer Folie eingeschweißt, bleiben die Riegel besonders lange knusprig.

WALNUSS-ÖL
selbst gepresst

KALT GEPRESSTE, PFLANZLICHE FETTE SIND LEBENSNOTWENDIG FÜR UNS. SIE ERHÖHEN DIE GEHIRNLEISTUNG, PFLEGEN DIE HAUT UND MACHEN GUTE LAUNE. IN EINEM WALNUSS-ÖL SIND DIE BESONDEREN EIGENSCHAFTEN GUT KONSERVIERT.

Zutaten

Walnüsse

Besonderes Werkzeug

- Handbetriebene Ölpresse für den Hausgebrauch

So geht's

1. Die Walnüsse werden grob zerkleinert, bevor man sie langsam in den Trichter der Presse gibt. Eine kleine Wärmemanschette, die direkt unter dem Einfülltrichter angebracht wird, erhöht ein wenig die Anfangstemperatur und erleichtert das manuelle Pressen an der Kurbel deutlich.
2. Nach zehn Minuten und sehr langsamen Drehens, ähnlich wie beim Fleischwolf, beginnt in feinem Strahl das Öl auszutreten [→a]. Da das Pressgut der Walnüsse immer ein wenig klebt, muss mit einem Holzlöffelstiel im Trichter etwas nachgestopft werden.
3. Das Öl wird in eine kleine, braune Flasche abgefüllt (oder dunkel aufbewahrt!) und kühl gestellt. Mit den Trübstoffen, die sich am Boden absetzen, kann man Brotaufstriche und Salatdressings lecker verfeinern.

Das Öl schmeckt gut zu kalten Speisen wie Salaten.

WER EIN GROSSER NUSSFAN IST, wie ich es bin, sollte über die Anschaffung einer kleinen Ölpresse nachdenken. Die Ölausbeute bei solch einer „Superpresse" liegt bei 5o %, bei einer Handpresse maximal bei 10 %. In meine Kücheneinrichtung ist sie mittlerweile fest integriert.

[b]

[a]

DAS IST *wirklich* WICHTIG

[a] NACH ETWA ZEHN MINUTEN tritt feinstes Walnuss-Öl aus der Presse. Es ist ganz normal, wenn sich dabei Trübstoffe von den Nüssen am Boden absetzen.

[b] DAS ÖL wird dunkel gelagert, so bleiben die Inhaltsstoffe erhalten. Zum Verschenken kann mit Stempelchen der Name des Öls auf ein Band gedrückt werden.

NÜSSE
Winterlicher Hochgenuss

HASELNUSS, WALNUSS- UND MANDELBÄUME SIND DIE WICHTIGSTEN ÖLLIEFERANTEN IM GARTEN. DIE PFLANZEN BRINGEN BESSERE ERTRÄGE, WENN SIE ZU MEHREREN GEPFLANZT WERDEN.

HASELNUSS

Die Haselnuss passt in jeden durchschnittlich großen Garten. Sie liebt normalen Gartenboden in sonniger bis halbschattiger Lage.
Die Hallesche Riesennuss, *Corylus avellana*, wächst breit aufrecht und trägt reichlich, sehr große Früchte. Die Ernte fällt meist auf die zweite Septemberhälfte.
Dazu lässt sich sehr gut eine besonders schmackhafte Edelnuss der Sorte 'Wunder aus Bollweiler' pflanzen, die ebenso mit einer Breite von 2,50 m und einer Höhe von maximal 6 m auskommt.
Die Nüsse sind gut lagerfähig.
Aus den Nusskernen lässt sich ein Ölgehalt von fast 50 % gewinnen. Haselnuss-Öl ist sehr aromatisch und in der Küche vielseitig verwendbar.

WALNUSS

Ein Walnussbaum, *Juglans regia*, nimmt mit seiner stattlichen Größe viel mehr Gartenraum in Anspruch, als Haselnüsse. In ländlichen Gegenden wurde er früher gerne als Hausbaum gepflanzt, da sein Laub Schatten liefert und er Mücken fernhält. Er mag durchlässigen, humosen Lehmboden, aber keine Staunässe. Der Durchmesser der Baumkronen liegt bei 6 m. Inzwischen liefern jedoch Baumschulen interessante, früh tragende, kleinere Sorten, die durch besondere Züchtung sich sogar sehr gut selbst befruchten (hier blühen männliche und weibliche Blüten zur gleichen Zeit). Der Ertrag kann bereits ab dem 3. und 6. Standjahr erwartet werden. Eine dieser Walnuss-Sorten ist 'Esterhazy II'. Sie ist allerdings durch ihren frühen Austrieb ein wenig spätfrostgefährdet.
Eine Sorte aus der Region um Dresden, 'Seifertsdorfer Runde', liefert nach etwa sechs Jahren sehr große Früchte von bester Qualität. Auch sie kann sich durch gleichzeitige Blütenentwicklung selbst befruchten. Zudem zeichnet sie sich durch eine gute Frosttoleranz aus. Ihre Kronenbreite erreicht nach zehn Jahren einen Durchmesser von 6 m.
Walnüsse liefern bis zu 60 % Speiseöl.

MANDEL

Mandelbäume blühen im zeitigen Frühjahr, zusammen mit Aprikosen und Pfirsichen. Die Blüten sind spätfrostgefährdet. Erst durch die Klimaerwärmung ist es möglich, auch in Bayern einen Versuch mit Mandelbäumen zu starten. Aus der Küche sind Mandeln nicht mehr wegzudenken, als Zutat für Süßspeisen und als Öllieferant.

MOCCA FAUX

Kaffee aus Zichorie, Pastinake und Birne

MUCKEFUCK IST EIN BELIEBTES GETRÄNK FÜR GESUNDHEITSBEWUSSTE MENSCHEN UND JENE, DIE KEIN KOFFEIN VERTRAGEN. KAFFEEZICHORIEN KANN MAN SELBST ANBAUEN, EBENSO WIE PASTINAKEN, NUR DIE GERSTE WIRD ZUGEKAUFT.

Zutaten

- 5 Teile Kaffeezichorien *(Cichorium sativum)*
- 2 Teile Pastinaken
- 2 Teile Birnen
- 1 Teil Gerste

Besonderes Werkzeug

- Keimbox o. Ä.
- Kaffeemühle

So geht's

1. Für die Kaffeemischung werden zunächst alle Teile – bis auf die Gerste – gesäubert, in kleine Stückchen geschnitten und hart getrocknet (im Backofen bei 60° C und bei leicht geöffneter Tür ca. sechs Stunden).
   Die Teile sollten nicht größer als Kaffeebohnen sein, dann kann man sie später leichter in der Kaffeemühle mahlen.
2. Die Gerste lässt man mit warmem Wasser in einer Keimbox vorkeimen [→a]. Wenn der Keim so lang wie das Getreidekorn ist, kann das fertige Malz getrocknet werden.
3. Anschließend werden alle Zutaten auf unterschiedlichen Blechen im Heißluftherd bei 130° C geröstet.
4. Das Malz und die Birnen werden bereits nach einer guten Stunde aus dem Ofen genommen, die Wurzeln brauchen etwas länger. Hier entscheidet die braune Röstfarbe, wann der Kaffee fertig ist – ich persönlich lasse meine Zutaten nie so dunkel wie Kaffeebohnen werden, der Kaffee schmeckt dann zu bitter und wird ungesund. Die ideale Farbe ist etwas heller als Vollmilchschokolade.

Man gießt 4 TL Kaffeepulver, frisch aus der Kaffeemühle, mit ½ l kochendem Wasser auf und lässt den Kaffee fünf Minuten ziehen. Abgepresst, mit Milch als Café „au lait", schmeckt er besonders fein.

[a]

[b]

[c]

[d]

DAS IST *wirklich* WICHTIG

[a] BEIM KEIMVORGANG wird die Stärke des Getreidekorns in Zucker umgewandelt. Licht wird hierzu nicht benötigt.

[b] BEIM RÖSTEN IM OFEN entsteht aus der Geste das Malz. Die Rösttemperatur darf jedoch nie über 130° C steigen. Je kleiner alle Zutaten sind, umso schneller ist der Röstvorgang beendet.

[c] MOCCA FAUX heißt übersetzt falscher Kaffee. Man nannte ihn früher deshalb, in Anlehnung an diese französische Bezeichnung, einfach Muckefuck - ein Genuss ohne Reue.

[d] AM BESTEN SCHMECKT der Mocca faux ganz frisch gemahlen, z. B. in einer alten Kaffeemühle.

WEIHNACHTS-LIKÖR *mit Kiwi*

KIWIS WERDEN MITTE OKTOBER GEERNTET, DOCH ZU DIESER ZEIT SIND SIE NOCH HART UND UNGENIESSBAR. NACH ETWA SECHS WOCHEN DER NACHREIFE, BEI ZIMMERTEMPERATUR IN STROHKISTEN, SIND SIE REIF FÜR EINEN WEIHNACHTS-LIKÖR.

Zutaten

6 weiche, reife Kiwis
150 g weißer Kandiszucker
700 ml weißer Rum

Besonderes Werkzeug

- Flasche mit weitem Hals

So geht's

1. Mit den ersten weichen Früchten wird der Likör angesetzt. Dafür werden die Kiwis geschält und der Keil am Stielansatz herausgeschnitten.
   Die geschälten Kiwis müssen unter fließendem Wasser gründlich von den feinen, braunen Härchen befreit werden, sie können sonst im Hals kratzen.
2. Man schneidet die Früchte in mundgerechte Stücke und gibt sie in eine Flasche mit weitem Hals. Der Kandiszucker kommt hinzu, dann wird das Gefäß mit Rum aufgefüllt.
3. Gut verschlossen, sollte die Flasche hin und wieder geschüttelt werden, damit sich der Kandiszucker auflöst.

Bis Weihnachten ist diese köstliche Leckerei fertig. Ob pur genascht, auf ein Dessert gegeben oder als Likör zum Kaffee getrunken, sorgt die Kiwi aus dem Garten immer für eine Überraschung.

BIS IN DEN FEBRUAR HINEIN, **lassen sich die großfruchtigen Kiwis aufbewahren. Werden die Früchte nach der Ernte über 22° C eingelagert, sind sie bereits nach sechs bis acht Wochen genussreif. Bei einer Temperatur von 18 bis 20° C, sind die Kiwis zu Weihnachten gerade richtig. Werden sie noch kühler gelagert, halten sie entsprechend länger.**

DAS IST *wirklich* WICHTIG

[a] DIE GEERNTETEN KIWIS werden gründlich von den feinen Härchen befreit. Ob nur kurz oder schon etwas länger in Alkohol eingelegt, die Früchte schmecken einfach gut. Man kann den Likör immer wieder mit ihnen auffüllen.

[a]

Kiwi

KIWI
Beerige Vielfalt

DIE CHINESISCHE STACHELBEERE STAMMT URSPRÜNGLICH AUS DEM YANGZI-TAL. IN NEUSEELAND WURDE SIE ERSTMALS 1910 AUS SAMEN NACHGEZOGEN UND MACHTE SICH DANN AUF DEN WEG IN DIE GANZE WELT.

JENNY

1988 landete die erste Kiwi auch in meinem Garten, die Sorte 'Jenny' (eine *Actinidia chinensis*, die heute *Actinidia deliciosa* heißt).
Die wüchsige Pflanze wird 2 bis 6 m hoch und benötigt eine Pergola o.Ä. zum Schlingen. Sie bildet schöne cremefarbene zwittrige Blüten, d.h. sie befruchtet sich selbst und man benötigt keine weitere Pflanze. Ende Oktober bis November reifen 7 cm lange, dicke Früchte, geerntet wird immer vor dem ersten Frost. Die Früchte können frühestens nach sechs Wochen Lagerung bei Zimmertemperatur verzehrt werden, bei kühler Lagerung lassen sie sich bis etwa Mitte April aufbewahren. Diese großen Kiwis kann man kandieren sowie zu Marmelade, Kompott und Likör verarbeiten.
Die Pflanzen zeichnen sich durch eine sehr gute Frosthärte aus und vertragen Temperaturen bis -20° C.

HAYWARD

Eine großfruchtige Sorte ist die zweihäusige 'Hayward', zu deren Befruchtung eine männliche Sorte benötigt wird.
Um sie in Form zu halten, kann sie im September geschnitten werden. Im Juni lassen sich zur Vermehrung Kopfstecklinge schneiden.
Sie trägt bis zu 9 cm große, pelzige Früchte, die im Oktober/November reif sind.
Bei etwa 20° C gelangen die Kiwis dann nach sechs Wochen zur Genussreife und können zu Saft, Gelee, Eis-Sauce oder Kompott verarbeitet werden.

WEIKI

Mittlerweile gibt es für den Garten auch kleinfruchtige Züchtungen der Kiwi. Eine davon ist 'Weiki', eine glattschalige Sorte aus Weihenstephan. Sie ist zweihäusig, d.h. man setzt eine männliche mit bis zu sieben weiblichen Pflanzen für eine erfolgreiche Befruchtung.
Die Sorte ist sehr kältetolerant (bis -30° C) und trägt bereits nach wenigen Jahren sehr viele Früchte. Die durchschnittliche Erntemenge beträgt etwa 5 kg pro Strauch. Die Kiwifrüchte sind etwa so große wie Stachelbeeren und können mit der Schale gegessen werden. Sie reifen Ende Oktober am Strauch aus, konnen frisch verzehrt oder zu Saft, Likör, Marmelade usw. verarbeitet werden.
Insgesamt ist die Pflanze widerstandsfähig und anspruchslos, sie braucht nur etwas Pflege beim Aufbinden.

KIWIS LASSEN SICH GUT AUS SAMEN VERMEHREN. **Dazu säubert man diese gründlich, legt sie einen Monat in den Kühlschrank und sät sie anschließend bei genügend Licht im Töpfchen aus. Eine gute Zeit zum Vermehren ist das Frühjahr.**

AHORN-ZITRONEN-GELEE

Winter auf dem Brot

AUCH IM WINTER MÜSSEN WIR NICHT AUF AUSGEFALLENE GESCHENKE VERZICHTEN. DER AHORN STELLT UNS IN DIESER JAHRESZEIT SEINEN PFLANZENSAFT ZUR VERFÜGUNG. VERFEINERT MIT ZITRONE, EIN UNGEWÖHNLICHER GENUSS.

Zutaten

- ½ l Blutungssaft vom Ahorn
- ¼ l Zitronensaft aus ca. 10 Zitronen
- 1 Zitronenscheibe pro Glas oder geraspelte Schale einer Zitrone
- 1 kg Gelierzucker 1:1
- 1 Stange Zimt

Besonderes Werkzeug

- Eimer
- Astschere o. Ä.

So geht's

1. Ahornbäume werden im Februar beim anfallenden Gehölzschnitt beerntet, d. h. man entnimmt ihnen Pflanzensaft, den sie in dieser Zeit von den Wurzeln in die Blatttriebe transportieren, um im Frühling neu auszutreiben.
   Die besten Erntetage für den Blutungssaft sind im Februar am letzten Vollmond, der Himmel sollte bewölkt sein. Dann muss man nicht mit strengen Frösten rechnen und der Saftstrom der Pflanze ist stärker.
2. Am Erntetag schneidet man einen Ast mit einem Durchmesser von etwa 4 bis 6 cm bis auf 20 cm zum Stamm ab (am besten oberhalb einer Triebknospe) und hängt einen kleinen Eimer unter die Tropfstelle. Der Blutungssaft beginnt sofort langsam herauszufließen (die kleine Schnittstelle verheilt in wenigen Tagen und schließt sich von selbst).
3. Für das Gelee gibt man nun das gehaltvolle, süßliche Ahornwasser zusammen mit dem Zitronensaft, dem Gelierzucker, der Zimtstange und einigen sehr fein geraspelten Zitronenschalen in einen Topf (oder später beim Abfüllen eine Zitronenscheibe in je ein Glas geben).
4. Der Inhalt wird vier Minuten gekocht. Wenn bei der Gelierprobe (siehe Seite 48) das Gelee fest wird, füllt man es heiß in saubere Schraubgläser.
5. Um die Haltbarkeit zu verlängern, werden die Gläser nach dem Verschließen kurz auf den Kopf und wieder zurückgedreht. Es entsteht sofort ein Unterdruck im Glas.

Ahorn-Gelee passt herrlich als Füllung in Torten, als Überzug zu trockenen Kuchen, auf Pfannkuchen oder ganz einfach auf das Frühstücksbrötchen.

DAS IST *wirklich* WICHTIG

[a] DER BLUTUNGSSAFT des Ahorns ist reich an Mineralien und Spurenelementen. Je nach Baumsorte enthält er zudem etwas Zucker. So kann man zum Kochen von Süßspeisen anstatt Leitungswasser diesen tollen Blutungssaft verwenden.

[a]

SERVICE & BEZUGSQUELLEN

ZUBEHÖR

Fissler GmbH
Fr. Beate Adler
Harald-Fissler-Str. 1
55743 Idar-Oberstein
· Töpfe, Schnellkochtöpfe, Küchenhelfer, Messer in Premiumqualität

Räuchergut
Markus Hendel
Friedensring 6 a
08233 Treuen
Tel.: (03 74 68) 6 87 88
E-Mail: hendel@t-online.de
www.raeuchergut.de
· Räucheröfen, -schränke, -tonnen, -aufsätze und Zubehör. Räuchermehl aus Buche, Eiche und Fichte. Holzkohlegrills und Zubehör. Gewürze und Kräuter.

Bachblüten Shop
Silvia Wenz
Anne-Frank-Str. 7
64354 Reinheim
Tel.: (0 61 62) 91 44 70
E-Mail: service@gwx.de
www.bach-blueten-shop.de
· Zubehör wie zum Beispiel Flaschen mit Pipettenverschluss zur Aufbewahrung, alles rund um das Thema Homöopathie.

Großhandel für Flaschen, Gläser und Konservendosen e. K.
Hartmut Bauer
Bauhofring 25
71732 Tamm
Tel.: (0 71 41) 6 43 69 25
E-Mail: info@flaschenbauer.de
www.flaschenbauer.de
· Einweckgläser und Zubehör sowie Spirituosenflaschen für Likör und Wein. Leere Glasballons für Getränke, Öl- und Essigflaschen, Verschlüsse jeglicher Art. Textildeckchen und andere Dekorationsartikel, um Ihr Geschenk in Szene zu setzen.

Novaplus Fachversand GmbH
Stellebergstr. 9
73092 Heiningen
Tel.: (0 71 61) 9 65 94 20
E-Mail: info@novaplus.de
www.novaplus.de
· Küchengerät und -hilfen von Passiertüchern, Schneidbrettern und Messer-Sets bis hin zu Aufbewahrungsbehältern und Töpfen.

Nitsch-Technischer Gerätebau
St. Margaretha Str. 5 b
86875 Waal
Tel.: (0 82 46) 96 02 86
E-Mail: info@nussprinz.de
www.nussprinz.de
· Alles für die Verarbeitung von Nuss & Co. Auch Sonderanfertigungen sind möglich.

Friedrich Sauer Weinhefezuchtanstalt GmbH & Co.
Vierka Erzeugnisse
Postfach 13 28
97628 Bad Königshofen
Tel.: (0 97 61) 9 18 80
E-Mail: mail@vierka.de
www.vierka.de
· Versand mit umfangreichem Sortiment zur Bier-, Wein-, Essig- und Likörherstellung. Zum Beispiel: Gär- und Lagerbehälter sowie Gäraufsätze, Einkochautomaten, Entsafter, Dörrgerate, Pressen und Mühlen.

ROSEN

Rosengärtnerei Kalbus
Hagenhausener Hauptstr. 1 b
90518 Altdorf
Tel.: (0 91 87) 57 29
E-Mail: rosen@rosen-kalbus.de
www.rosen-kalbus.de
· Über 1.000 Rosensorten, insbesondere Historische Rosen. Großer Rosengarten mit vielen Raritäten von den besten Rosenzüchtern der Welt.

STAUDEN

Alpine Staudengärtnerei
Siegfried Geißler
OT Gorschmitz Nr. 14
04703 Leisnig/Sachsen
Tel.: (03 43 21) 1 46 23
E-Mail: info@alpiner-garten.de
www.alpinergarten.de
· Alpine Pflanzen, Steingartenpflanzen, Gebirgspflanzen, alpine Raritäten, frostsichere Gartenkeramik und Stauden.

Staudengärtnerei Gräfin von Zeppelin
Weinstr. 2
79295 Sulzburg-Laufen
Tel.: (0 76 34) 6 97 16
E-Mail: info@graefin-von-zeppelin.de
www.graefin-v-zeppelin.com
· Versandgärtnerei mit einem der größten Sortimente winterharter

Gartenblumen. Spezialitäten wie Iris, Mohn, Paeonien.

Staudengärtnerei Gaissmayer
Jungviehweide 3
89257 Illertissen
Tel.: (0 73 03) 72 58
E-Mail: info@staudengaissmayer.de
www.staudengaissmayer.de
- Über 3.000 Arten und Sorten von Stauden, Biokräutern, Duftpflanzen, Malven, Phlox; Stauden für den ländlichen Garten, viele Raritäten, Besonderheiten und Neuheiten. Über 50 Minz-Sorten. Pflanzpakete, die nach Farbe, Duft und Gestalt aufeinander abgestimmt sind.

Die Gärtnerei am Karpfenteich
Dipl. Ing. Daniela Riegler
Rumleshof 2
92342 Freystadt
Tel.: (0 91 79) 12 28
www. gaertnerei-am-karpfenteich.de
- Prachtstauden, Wildstauden, winterharte Kräuter, Gräser und Steingartenpflanzen

KRÄUTER UND DUFTPFLANZEN

Kräuter- und Staudengärtnerei Mann
Schönbacherstr. 25
02708 Lawalde
Tel.: (0 35 85) 40 37 38
E-Mail: info@planzenreich.com
www.staudenmann.de
- Große Vielfalt an Kräutern und Stauden. Über 600 verschiedene Duft-, Gewürz- und Heilkräuter sowie 2.500 verschiedene Gartenstauden und Gartenpflanzen aus eigener Produktion. Online-Shop und Sortenbeschreibungen.

Rühlemann's Kräuter & Duftpflanzen
Auf dem Berg 2
27367 Horstedt
Tel.: (0 42 88) 92 85 58
E-Mail: info@ruehlemanns.de
www.ruehlemanns.de
- Über 1.200 Kräuterarten und -sorten! Gestaltungstipps und Seminare.

Raritätengärtnerei Treml
Eckerstr. 32
93471 Arnbruck
Tel.: (0 99 45) 90 51 00
E-Mail: treml@pflanzentreml.de
www.pflanzentreml.de
- Alles rund um Kräuter. Gängiges Sortiment sowie viele Besonderheiten und Raritäten. Beerenobst, Gemüse (alte Sorten), Wasserpflanzen.

ALTE GEMÜSESORTEN

Dreschflegel
In der Aue 31
37202 Witzenhausen
Tel.: (55 42) 50 27 44
E-Mail: info@dreschflegel-saatgut.de
www.dreschflegel-saatgut.de
- Große Auswahl an Saatgut und Gemüse aus kontrolliert ökologisch wirtschaftenden Betrieben. Alte Raritäten und Kulturpflanzen wie die Spargelerbse, Weiße Bete und Zuckerwurzel.

Verein zur Erhaltung der Nutzpflanzenvielfalt (VEN) e. V.
Ursula Reinhard
Sandbachstr. 5
38162 Schandelah
Tel.: (0 53 06) 14 02
E-Mail: ven.nutz@gmx.de
www.nutzpflanzenvielfalt.de
- Schwerpunkt auf dem Erhalt der alten Gemüsesorten. Unterstützung und fachlicher Austausch durch die Fachzeitschrift des Vereins sowie weitere praktische Anleitungen für Garten, Küche und Vermehrung mit den vom VEN herausgegebenen Buchtipps. Zudem gibt es Saatgutseminare sowohl für Anfänger wie auch für Fortgeschrittene.

Österreich
Arche Noah
Obere Str. 40
A-3553 Schiltern
Tel.: + 43 (0) 27 34 86 26
E-Mail: info@arche-noah.at
www.arche-noah.at
- Gesellschaft für die Erhaltung der Kulturpflanzenvielfalt und ihrer Entwicklung. Hier erhalten Sie Beratung und Sortenvermittlung, wenn Sie einen neuen Obstbaum für Ihren Garten kaufen möchten.

Schweiz
Pro Specie Rara
Pfrundweg 14
CH-5000 Aarau
Tel.: + 41 (0) 6 28 32 08 20
E-Mail: info@prospecierara.ch
www.prospecierara.org
- Über 600 alte Gemüsesorten, wie z. B. Haferwurzel, Kardy, Neuseeländer Spinat, Knollenziest, Etagenzwiebel und Wurzelpetersilie.

REGISTER

Halbfette Seitenzahlen verweisen auf Abbildungen.

THEMENREGISTER

Frühling

Sommer

Herbst

Winter

Besuchen Sie Barbara Krasemann in ihrem Traumgarten!

Holen Sie sich Anregungen für Ihren eigenen Garten. Erfahren Sie Wissenswertes über die Verwendung verschiedenster Früchte, Blätter, Blüten und Knospen für Küche und Gesundheit an über 450 verschiedenen Gehölzen, diversen Stauden und alten Gemüsesorten.

Mein Traumgarten ist der Garten, der meine Wunden heilt, meine Tränen trocknet, meine Seele tröstet; der Garten, der mich satt macht.

Offene Führungen ohne Anmeldung*

- Für Minigruppen und Einzelpersonen
- Jeden 1. und 3. Sonntag im Monat
- Von Mai bis Oktober
- Jeweils um 10 und 14 Uhr
- Dauer ca. 2 Stunden

* Schwerpunktthemen wechseln nach Saison.

Führungen für Gruppen ab 20 Personen*

- Nach voriger Absprache
- Hierfür stehen die Wochentage: Freitag, Samstag und alle restlichen Sonntage zur Verfügung.
- Bitte fragen Sie rechtzeitig nach, welche Termine noch frei sind.

AKTEURE

Barbara Krasemann ist leidenschaftliche Gärtnerin und hat sich ihr Wissen in über 25 Jahren in ihrem 8.500 qm großen Garten angeeignet. Sie bietet botanische Führungen durch ihr Gartenparadies, gibt Kurse, hält Vorträge und tritt regelmäßig im Fernsehen auf.
Die vielen tollen Rezepte und Ideen in diesem Buch hat sie alle selbst entwickelt, denn in ihrem Garten gibt es kaum eine Pflanze, die sie nicht zu Köstlichkeiten oder wertvollen Produkten für Körper und Geist verarbeitet.

Anne Rogge und **Jan Jankovic** sind Dipl. Fotodesigner aus Düsseldorf. Gemeinsam führen sie das Fotostudio Rogge & Jankovic Fotografen mit Schwerpunkt Food, Stills & Places. Für ihr Kochbuch Herbst Winter Gemüse, ebenfalls im Kosmos Verlag erschienen, wurden sie 2008 mit dem Gourmand Cookbook Award ausgezeichnet.
Mit ihren Fotos haben sie die Rezepte dieses Buches außergewöhnlich in Szene gesetzt und in liebevolle Geschenke verwandelt. Die kreativen Verpackungsideen und das Styling stammen ebenso aus der Hand der beiden Fotografen. Unterstützt wurden sie bei der Fotoproduktion von ihrer Assistentin Magdalena Stengel.

Das Allerwichtigste ist, dass Sie die Pflanzen und insbesondere die Kräuter einwandfrei erkennen. Oftmals gibt es verwandte Arten, die sich sehr ähnlich sehen. Die eine ist jedoch gut, die andere giftig. Wenn Sie irgendwelche Zweifel haben, dann verwenden Sie die Pflanze nicht. In der Apotheke bekommen Sie beispielsweise die beschriebenen Kräuter in getrockneter Form.

IMPRESSUM

121 Farbfotos wurden von Rogge & Jankovic Fotografen, Düsseldorf, für dieses Buch aufgenommen.

Umschlaggestaltung von Gramisci Editorialdesign, München unter Verwendung von zwei Farbfotos von Rogge & Jankovic Fotografen, Düsseldorf.

Unser gesamtes lieferbares Programm und viele weitere Informationen zu unseren Büchern, Spielen, Experimentierkästen, DVDs, Autoren und Aktivitäten finden Sie unter **kosmos.de**

Gedruckt auf chlorfrei gebleichtem Papier

ISBN 978-3-440-13123-7

Projektleitung: Birgit Grimm
Redaktion: Birgit Grimm
Gestaltungskonzept:
Gramisci Editorialdesign, München
Gestaltung und Satz:
Cordula Schaaf, Grafik-Design, München
Produktion: Ralf Paucke
Printed in Italy / Imprimé en Italie

FSC www.fsc.org
MIX
Papier aus verantwortungsvollen Quellen
FSC® C023164